中国文化四季

马新 主编

传道授业

中国传统教育

李沈阳 著

山东大学出版社

山东省中华优秀传统文化传承发展工程重点项目
中华优秀传统文化传承书系

课题组负责人

马　新

课题组成员
（以姓氏笔画为序）

马丽娅	王文清	王玉喜	王红莲
王思萍	巩宝平	刘娅萍	齐廉允
李仲信	李沈阳	吴　欣	宋述林
陈树淑	陈新岗	张　森	金洪霞
赵建民	贾艳红	徐思民	郭　浩
郭海燕	董莉莉	韩仲秋	谭景玉

中国传统文化是中国历史发展中物质文化与精神文化的结晶，也是人类文明史上唯一没有中断的独具特色的文化体系，是中国历史带给当今中国与世界的文化遗产。

早在遥远的旧石器时代，我们的先民为了生存，打制着各式各样的石器，也击打出最初的文化的火花。随着新石器时代的到来，以农业生产为前提的农业文明发生了，我们的先民筚路蓝缕，耕耘着文明的处女地，孕育着中国文化的萌芽，绚烂多姿的彩陶文化与精致绝伦的玉石文化是这一时代的文化地标，原始宗教与信仰、语言、审美及创世神话也纷纷出现。

进入文明的门槛后，先民们开始了艰辛的文化积淀。商周时代的礼乐文明与青铜文化代表了这一时代的杰出成就，甲骨文与金文则成为这一时代的文化符号。至春秋战国，中国文化史上的“寒武纪大爆发”开始了，无论是物质文化，还是精神文化，都进入一个创造和迸发的时代：这一时代，出现了“百家争鸣”，从孔子、老子、墨子到孙子、孟子、庄子等贤哲，无一不在纵横捭阖，挥斥方遒，发散出理性的光芒。这一时代，出现了《诗经》《楚辞》，还出现了《左传》与《国语》以及不可胜数的人文经典。这一时代，又是科学与技术的辉煌时代，铁器与牛耕技术的出现，奠定了此后2000多年中国农耕文明的基础；扁鹊的医术与《黄帝内经》的理论，成为中医药文化的基石；墨子、鲁班、甘德 、石申，启迪了我们的科学探索，民间无数的工匠们在纺织织造、建筑交通以及各种手工工艺上都进行了卓越的创造。春秋战国时代既是中国文化的启蒙时代，也是中国文化的奠基时代。

随着秦汉时代的到来，海内为一，中国文化进入凝炼时代，形成了大一统的文化特色。这一时代，不仅有了大规模的驰道、长城以及宫殿的兴建，还有了统一的度量衡与文字；这一时代，不仅牛耕技术继续向全国推进，还有了精耕细作技术，使其成为中国农耕文化的首要特征;这一时代，不仅有“独尊儒术”与经学的繁荣，也有汉大赋的飞扬与汉乐府的古朴；这一时代，商品贸易“周流天下”，工商政策与商业理论富有特色，全社会在衣、食、住、行方面的水平明显提高。生活的精致化与生活水平的不断提高，使得20世纪的权威史学家汤因比也动了想去中国汉代生活的念头。

魏晋南北朝与隋唐时代，是中国文化史上的交融与繁荣时代，周边游牧民族文化的涌入，西部世界的宗教文化及其他各种文化的东来，使这一时代形成了空前的中西文化碰撞与冲击。在此后到隋唐时代的融合发展中，实现了文化的大繁荣。道教虽产生于汉代，但其发展与传播则是在魏晋南北朝与隋唐时代；佛教也是在汉代传入，它的发展与繁荣同样是在魏晋南北朝与隋唐时代。这一时代，玄学与禅宗是思想史上的两大硕果，书法、绘画、雕塑以及音乐、舞蹈方面，更是群星闪耀，唐诗的地位在文学史上是无可替代的，唐三彩的艺术魅力同样穿越千古。这一时期的农耕文化、工商文化以及其他各文化形态也都取得了长足的发展，特别是中外文化交流之活跃、之丰富，使中国文化与外部世界的文化产生了有力互动，隋唐长安城是当时世界文明的中心所在。

宋元明清时代是中国文化的扩展时代。随着文明的进步与文化手段的变化，随着市民社会的兴起与社会结构的变化，面向民间、面向市民与普通民众的文化形态迅速扩展。宋明理学的主旨是给民众套上牢牢的精神枷锁，但是与汉代经学相比，它也是儒学民间化的一种体现。从宋词到元曲，从“三言二拍”到话本小说，再到戏剧的兴起和四大文学名著的问世，无不体现着这一特色。这一时代，既有明末清初试图开启民智的三大启蒙思想家，又有直接面向社会生产与社会生活的《天工开物》《本草纲目》以及《农政全书》。这一时代，中国文化在积淀着中国文明丰厚底蕴的同时，也在准备着自己的转身，准备着与新文化的拥抱。

从中国文化的发展可以看出，其历史之悠久、内容之丰富、价值之巨大，可谓蔚为大观，令人叹服。在新的历史时期，把握与了解这些渐行渐远的文化宝藏，并将其传承给青年一代，是摆在我们面前的世纪难题。

自 20 世纪 80 年代以来，学术界与文化界一直在孜孜不倦地去破解与完成这一难题，为此付出了艰辛的努力，推出了一批又一批面向青少年群体的“中国传统文化”类读物或教材，可谓琳琅满目，数目繁多。毋庸置疑，文化学者们的这些努力，对于研究与普及中国传统文化发挥了重要作用。但是，若作为当今面向青少年群体的普及性著作还有若干不适应之处。比如，有的著作篇幅过大，往往动辄四五十万字甚至上百万字；有的著作理论性偏强，在理论性与知识性的结合上还不够；还有的著作对有关知识点的叙述不够均衡，轻重不一。更为重要的是，随着社会主义核心价值体系建设的推进，尤其是习近平总书记所提出的对中国传统文化的“四个讲清楚”，对中国传统文化的研究和普及提出了更高的要求。为此，我们组织了 10 余所高校的相关研究人员，共同编写了这套适合当代青少年阅读的中国传统文化读物——《中国文化四季》，旨在为青少年提供一套富有时代特色的中国传统文化专题知识图书。

在编写过程中，我们深刻地感受到中国传统文化源远流长、博大精深，是中国文明 5000 年进程的辉煌结晶——既有筚路蓝缕的春耕，又有勤勤恳恳的夏耘；既有金色灿然的秋获，又有条理升华的冬藏。所以，我们以“中国文化四季”

作为总领，旨在体现5000年文明进展中最具代表性的精华篇章。在专题确定与内容安排上，也着重体现中国文化在春耕、夏耘、秋获、冬藏各个演进环节上的标志性成就。整套丛书由16册组成，包括：

《精耕细作：中国传统农耕文化》

《货殖列传：中国传统商贸文化》

《大匠良造：中国传统匠作文化》

《巧夺天工：中国传统工艺文化》

《衣冠楚楚：中国传统服饰文化》

《五味杂陈：中国传统饮食文化》

《雕梁画栋：中国传统建筑文化》

《周流天下：中国传统交通文化》

《人文荟萃：中国传统文学》

《神逸妙能：中国传统艺术》

《南腔北调：中国传统戏曲》

《兼容并包：中国传统信仰》

《天人之际：中国传统思想》

《格物致知：中国传统科技》

《传道授业：中国传统教育》

《止戈为武：中国传统兵学》

我们希望通过各专题的介绍，使读者既可以有选择地了解中国传统文化的有关知识，又可以全面地把握传统文化的基本构成。

为适应青少年的阅读需求，我们吸取了以往此类图书的优点，尽量避免其缺陷与不足。在全书的内容设计上，打破了传统的章节子目式的编排方式，每章之下设置专题，以分类叙述各门类知识；在写作时，尽量避免以往一些读物的“高深”与“生冷”现象，以叙述性文字为主，做到通俗、易懂、生动;另外，各册都精心配备了一些与各章内容相对应的中国传统文化图片等，做到了图文并茂。

需要说明的是，这套丛书作为“中华优秀传统文化传承书系”被纳入山东省“中华优秀传统文化传承发展工程”重点项目，得到中共山东省委宣传部和有关专家的大力支持与指导 。为不负重托，我和 20 余位中青年学者共同合作，以对中国传统文化的挚爱为基点，精心施工，孜孜不倦，以打造一套中国传统文化的精品作为出发点和最终目的。全书首先由我提出编写主旨、编写体例与专题划分；各专题作者拟出编写大纲后，我对各册大纲进行修订、调整，把握各专题相关内容的平衡与交叉，以更好地体现中国传统文化的四季风情；然后交给各专题作者分头撰写初稿；初稿提交后，由我统一审稿、统稿、定稿，并补充与调整书内插图。这套丛书若能蒙读者朋友错爱，起到应有的作用，功在各位作者；若有缺失与不足之处，我当然不辞其咎。

我们由衷地希望通过全体作者的努力，使本书不再只是枯燥乏味的知识叙述，而是青少年真正的学习伙伴，让中国优秀传统文化能够浸润到每一个青少年的心灵深处。

马 新

2017 年 3 月于山大高阁书斋

目錄

概　述

第一章　教育制度

第二章　官　学

第三章　书　院

第四章　私　学

第五章　家　教

第六章　教学内容

第七章　教学考核

第八章　科举制

第九章　教育家

概述

自从有了人，就有了对人的教育。教育本是一件简单的事情，人人可教，人人可学。然而受生产力发展水平、社会制度和思想变迁等因素的影响，中国传统教育走过了一条从原始平等教育到贵族教育，再到大一统国家教育的漫长发展历程。

原始社会是原始平等教育时期。这一时期，没有专门的场所和专职人员，教育活动直接在生产生活中进行，以生活经验为主要内容，但是受教育权人人平等。至原始公社末期，随着社会条件的变化，出现学校萌芽，一部分人无法进入学校接受教育，于是教育有了阶级差别，这预示着阶级社会教育的出现。

夏、商与西周是贵族教育时期。受社会、经济、政治条件的影响，原始社会民主平等的教育在夏、商与西周发生质的变化，当时只有官学而没有私学，官学机构与政治机构联系在一起，由国家来组织和管理学校教育，教育的目的则是培养和训练居于奴隶之上的统治者。于是,学校教育只有少数贵族才能享受，大多数从事体力劳动的民众被排除在学校之外，只能在社会生活和生产劳动中接受生活教育和统治者施行的教化。在这个时期，教育实践经验逐步积累，为教育理论的产生奠定了一定基础。一些杰出的政治家出于治国育才的需要，先后提出一些教育思想，指导官学的教育实践。

春秋战国是私学兴盛时期。春秋战国时期，社会发生剧烈变革，文化下移，教育随之发生重大变动。私学作为一种全新的教育形式，产生于春秋时期，由孔子发端，而后兴盛于战国。诸子因其政治立场、生活条件、实践程度、知识结构、认识水平和思想方法的不同，对教育有不同的理解，由此展开争鸣，形成不同的私学流派。各家私学面貌各异，既有教育实践，也有理论造诣，独擅一时之风流，承担起培养造就人才、传承文化的历史使命。春秋战国时期的私学创造了中国教育史上一种新的教育组织形式，形成中国教育思想史上的一个高峰，足以垂范后世。

秦汉是大一统国家教育的奠基时期。秦朝结束战国的分裂局面，建立中央

集权的大一统国家，并以法家思想为指导，全面掌控教育的组织和实施。然而秦朝仅存在 15 年，就被农民起义推翻，为汉朝取代。汉朝教育，不仅确立了儒学在教育中的独尊地位，而且还在教育制度、设施、内容、形式等各个方面为后世教育奠定了坚实的基础：中央太学和地方官学的设立，为官办学校制度提供基本框架；私学中的书馆和经馆不仅是对春秋战国时期私人讲学传统的继承，也是后来私塾和书院的历史渊源；教育的政治伦理化、养士与选士的紧密结合以及儒学对各学科教育的支配性影响等，在汉朝教育中已初见端倪。中国古代社会教育的基本特征在汉朝已初步形成。

魏晋南北朝是大一统国家教育的中衰时期。这一时期的教育总体上呈时兴时废、似断又续的衰落状况，但仍有许多值得后世承继的教育特色和教育成就。不仅私学得到发展，家庭教育得到重视，而且随着人口的迁移，文化教育也南迁西移，促进了教育在落后区域的传播与发展。少数民族入主中原后，重视儒学教育，大力发展学校教育，提高了少数民族的文化水准，加速了这些地区的文明化进程，促进了汉族与少数民族之间的融合。另外，这一时期儒、佛、道思想的纷争和融合，既带来教育思想的繁荣，又冲击着传统的教育思想。

隋唐是大一统国家教育的重建和拓展时期。这一时期，社会发展走向鼎盛，统治者采取开明的文教政策，在恢复汉朝教育体系的基础上又有所拓展。学校教育超过以前任何一个朝代，而且也达到一个新的高度，形成完整的学校系统。教育制度体系化建设走向深化，入学制度、学礼制度、教学制度、考核制度、惩罚制度、休假制度等都以法制化的方式构成一套教育管理制度。儒家经典与历史文学教育得到恢复和传承，专科教育也走向正规化，出现了教育内容多元化的格局。中外文化交流空前活跃，不同形态的文化得以融合，佛、道也扩大社会影响，与儒学进行激烈竞争，推动教育思想多元化发展。新的教育组织形式——书院教育开始萌芽，新的考试选官制度——科举制开始出现，极大地充实了中国教育史的内容。私人办学明显增加，大文学家韩愈、柳宗元都办过学，为教育

图 1　日本仿唐学校建筑

增加了新的特色。隋唐先进的教育制度，成为东方邻国学习的对象（见图 1、图 2），在世界教育发展史上占有重要的地位。①

宋辽金元是大一统教育的繁荣时期。这一时期，在社会政治、经济、科学技术、学术思想和文学艺术等因素的影响下，在吸取前代教育经验的基础上，教育逐渐形成自己的特点，官学、书院和蒙学都得到发展。宋朝兴文教，辽、金、元统治者大力推行“汉化”政策，在中央和地方建立比较完备的官学教育体系。书院作为一种教育制度已经确立，涌现出一批著名书院，形成书院教育理论，推动了学术文化的发展。蒙学也得到较大发展，在教育内容和方法等方面积累了许多成功的经验，产生了《三字经》《百家姓》等蒙学教材。各种教育思想非常活跃，不仅理学教育思想内部有各种不同的派别，还有与理学教育思想异趣的“新学”教育思想和事功学派的教育思想，涌现出一大批有重要影响的教育思想家和实践家。他们从各自不同的角度论述教育问

图 2　越南国子监

① 参见刘景云、杨林、孙建军编著：《图说科举制度》，吉林人民出版社 2009 年版，第 32 ～ 33 页。

题，发表不同的看法，百花齐放，争奇斗艳，极大地丰富了中国古代教育理论宝库，在古代教育思想发展史上具有十分重要的意义。

明朝是大一统国家教育的兴盛与定型时期。明朝教育是中国古代教育发展历程中一个重要的阶段，它继承和发展了唐宋以来的教育事业，确定了大一统国家教育的许多模式；它建立完备的官学教育体系，使学校教育事业的发展超过历史上任何一个朝代；它制定称为“永制”的科举定式，将八股文作为固定的考试文体；它加强对学校教育的控制，把程朱理学作为占主导地位的教育理论，并被清朝继承。但是，书院不仅没有保持宋朝的发展态势，反而受统治阶级内部矛盾斗争的影响，经历了沉寂—勃兴—禁毁的曲折过程。明朝中叶以后，王阳明创立的心学教育理论以反程朱理学教育的姿态，在古代教育史上产生重大的影响。

清朝是大一统国家教育的承袭时期。清朝教育在很多方面继承明朝的特色，重视教育的作用，广泛设立各类学校，促使官学在乾隆年间达到鼎盛；制定各种学规，以程朱理学作为办学指导思想，加强对学校的管理和控制；损益科举制，建立严密的科举体系，以笼络利诱知识分子。书院在经历初期的沉寂后，呈现勃兴的局面，但绝大部分书院都成为准备科举考试的场所，官学化现象日趋严重，有特色的书院少之又少。然而明末清初的思想家和教育家抨击程朱理学空疏无用，揭露科举制的危害，重估学校教育的地位，提出颇有见地的教育理论，在后世产生重要的影响。

晚清时期，在西方列强的侵扰下，中国社会的性质开始发生变化，传统教育也面临窘况，不得不走上艰难的改革历程，揭开了传统教育近代化的序幕。

第一章 教育制度

教育制度有广义和狭义之分。广义的教育制度指国民教育制度，是一个国家为实现其国民教育目的，从组织系统上建立起来的教育设施和相关规章制度。狭义的教育制度指学校教育制度，简称“学制”，是一个国家各级各类学校的总体系，处于国民教育的核心和主体地位，体现国民教育制度的实质。

在古代社会，教育制度是随着社会、政治、经济发展的需要而不断发展变化的，因为教育是为统治阶级培养人才服务的，所以任何一个历史阶段的教育制度都深深地打上了阶级烙印。

据甲骨文和古书记载，商朝时已经有了学校教育制度，出现了“序”“庠”“学”和“瞽宗”四种形式的学校。“庠”和“序”是培养军事人才的学校，“瞽宗”和“右学”是学习礼与乐的学校。到西周时，“学在官府”，要学习专门知识只能到官府控制的学校中。学校分为国学、乡学两种，主要传授祭祀知识和作战的技能经验。六艺，即礼、乐、射、御、书、数，是贵族子弟必修的科目。

春秋时期，教育制度发生了重大变化。随着新的政治制度的确立以及社会经济和政治的变革，“学在官府”的教育垄断局面逐渐被打破，知识分子开始聚众讲学，发表政见，产生了所谓的私学。

秦朝以法家思想为指导，实行吏师制，取消学校；汉朝则以秦为鉴，重视学校，推行教化，并首创太学和郡国学，形成从中央到地方的一套教育系统，为中国教育体系奠定了基础。为适应维护统治的需要，汉武帝“罢黜百家，独尊儒术”，儒家经典开始成为统治阶级培养人才的必学课程。

魏晋南北朝时期，教育制度呈多样化发展态势。魏、蜀、吴连年征战，但三国在战争间隙都致力于学校的恢复和整顿。两晋则突出地表现出当时门阀士族的特权地位，出现等级教育。南朝的学校教育多姿多彩，反映文化学术发展的专科学校相继设立，学校的类型趋于多样化，丰富了传统教育制度的内容，拓展了教育的社会职能，使教育适应社会发展的需要。北朝的学校教育走向制度化，这一点在地方官学学制上体现得尤为明显。其中，北魏首创按照州郡的大小规

定地方学校规模的做法，这是中国正式实行郡国学校教育制度的开始，对唐朝教育制度产生了深刻的影响。

隋唐时期，中国教育制度在许多方面发展迅速，达到世界先进水平。一是形成学校体系，对古代社会后期的教育产生重要影响；二是确立分级管理的教育行政体制，实现教育管理上的一大转折；三是重视专业教育，添设算学、医药等专科；四是制定学校内部的教学管理制度和法规，为依法治校提供保障；五是学校教育与行政机构、事务部门结合起来，方便学生把专业知识和专业实践密切结合起来。

宋朝教育制度继承和发展唐朝制度，并进一步完备。一是管理体制进一步完善，不仅在中央设立国子监来管理中央官学，而且还在地方诸路设立专门的教育管理机构。二是官学类型多样化，除了设置儒学、律学等之外，还创立武学和画学，在地方官学中也设置武学和道学，这是唐朝官学中没有的。三是中央官学等级放宽，书学甚至取消限制，这是学校教育的一大进步。四是确立学田制度，作为学校经费来源的保障，这一制度被元、明、清三朝沿用。五是创新教育管理制度，推行分斋教学、“三舍法”、教官试、教师资格证考试等制度。

明朝教育制度继续向前发展，达到鼎盛。一是国子监放宽学生入学资格的限制，根据学生的不同来源，分为举监、贡监、廕监、例监等；二是地方官学得到空前发展，不仅按地方行政区域设学，还按军队编制设学；三是社学制度更趋完善，招生择师、学习内容和教学活动等方面形成较为完善的制度；四是形成从地方到中央相衔接的学制系统；五是采用八股取士的科举制，规定考试程序、考试内容。

清朝教育制度基本上沿袭明朝，但在长期的发展过程中也形成了自己的特点。一是重视八旗子弟教育，广泛设立各种名目的旗学；二是在府、州、县学中创立六等黜陟法，对生员实行动态管理；三是设立俄罗斯文馆，重视俄语人才的培养，并在国子监实行分斋教学制度等。

不容忽视的是，明清时期为强化专制统治，教育专制非常严重。教育直接为统治阶级服务，学校成为科举考试的预备机关，教学内容受到限制，单一呆板，束缚了人们思想的发挥，使教育制度陷入僵化状态。

一、文教政策

文教政策是一个国家对教育发展的指导思想，决定教育的发展方向、水平和重心。自先秦至清朝，不同历史时期的统治阶级为维护自身的利益，都出台了不同的文教政策。

夏、商、周三代，教育同政治、宗教、军事等糅合在一起，文教政策也与政治、宗教、军事等政策糅合在一起。夏朝时，氏族间相互仇杀，王室与周边部族以及方国间的战争连续不断。为适应这种政治需要，统治者极为重视军事人才的培养。弓箭是当时战争中的主要武器装备之一，培养善射的武士是统治者的要务，于是“以射造士”便成为夏朝文教政策的重点。商朝时，统治者推行“尊神重孝”的文教政策，传授 " 尊神重孝 " 的宗教伦理知识是教育的主要内容。西周时，思想意识上由重鬼神逐渐变为重人事，周公制礼作乐，实行德政，重视师保之教和礼乐教化，初步形成一套相对以礼教为中心的完整的文教政策体系。

秦汉统治集团在制定适合中央集权的文教政策过程中，经历了由秦朝的法治教育向汉武帝“独尊儒术”的德治教育的转变。秦朝文教政策遵循着一个中心原则，即维护国家的统一和君主集权的统治制度，法家思想在教育中占据统治地位。汉朝选择儒学为统治依据，采纳董仲舒的建议，实施“独尊儒术”的文教政策，要求国家政策和文化教育皆以儒学为本，并以儒学为统一的指导思想来培养和选拔人才。不属于儒学的其他学说只能在民间传播，不被纳入国家正规教育体系之中，儒家之外的学者也很难跻身仕途。（见图 1–1）为确保儒术的“独尊”地位，汉朝统治者设立经学博士，建立太学，以儒取士，开创中国

图 1–1　金声玉振（山东曲阜孔庙）

传统教育崇尚儒家思想的先河，对汉朝以后各个王朝文教政策的推行起了规范定型化作用。

魏晋南北朝时期，连年的征战使得这一时期中国教育的发展受到影响，呈现出多元激荡和学术争鸣昌盛的文化局面。尽管如此，魏晋南北朝各代的文教政策仍然以崇儒读经为核心。由于社会政治的多元化、汉朝经学思想的衰颓以及玄学和佛教思想的冲击，教育已不再是儒家的特权，玄学和佛教开始进入教育这一儒家的世袭领地。

隋唐时期，统治者根据儒、佛、道三者的关系，制定以儒为主干，佛、道为两翼的文教政策。隋朝建立后，为了巩固统治的需要，确立以儒学治国的指导思想，把劝学行礼作为易风移俗、教化民众、改革社会政治、治理国家的基础。唐朝重振儒术，基本上结束了儒学内部的派别之争，维护儒学的统治地位，使得科举考试和学校的学习都以经学为主要内容，学校教育由此成为经学教育，《五经正义》成为统一的教材。隋唐时期虽尊崇儒学，但不独尊儒学，而是兼重佛教和道教，使得佛教在唐朝获得长足发展，道教也空前活跃起来。隋朝时期，私学很受重视，鼓励私学发展成为政府的政策之一。唐朝继续提倡私学，要求私学在施行礼教、移风易俗方面发挥其作用。作为地方官学的州学、县学由政府办理，而县以下的乡里，政府不派官办学，由民间人士自己筹办，自己经管。

宋朝统一全国后，宋初诸帝均采取重文轻武的方针，确立“兴文教，抑武事”的政策。第一，重视科举选士，重用文人。宋朝建国之初，鉴于唐末五代藩镇割据、祸乱天下的教训，一方面采用政治威慑和物质利诱的手段，迫使将帅交出兵权，另一方面，重用文人，让他们充任全国各级政权的管理者，军队

受文官控制。第二是尊孔崇儒，在全国范围内恢复重修被战乱毁坏的各地文宣王庙，重视经学教育，并在科举制的一系列调整措施中，逐步加大经学的比重。第三，广设学校，培育人才。宋朝历史上先后出现了三次兴学运动：第一次称“庆历兴学”，由范仲淹发起。其内容有三项，即普遍设立地方学校，改革科举考试，创建太学并采用分斋教学的形式。第二次称“熙宁兴学”，由王安石发起。其内容包括：改革太学，创立“三舍法”；恢复和发展州、县地方官学；恢复与创立武学、律学、医学等专科学校；编撰《三经新义》并将其作为统一教材；改革科举考试，废除明经诸科，进士科罢诗赋、帖经、墨义，试以经义、策论。第三次称“崇宁兴学”，由蔡京主持。其内容包括五个方面：在州、县两级普设学校，并在路一级设提举学事司进行管理；建立县学、州学、太学三级联系的学制系统；新建辟雍，扩大太学的名额；恢复医学，新设算学、书学、画学等专门学校；罢科举，改由学校取士。这三次兴学运动后，中国传统教育的基本模式逐步形成，在教育的方针、政策、法规及观念等方面为其后历朝传统教育的发展提供了范本。

明初统治者比较清醒地认识到教育对于治国的重要作用，把教育置于国家发展的重要地位，确立“治国以教化为先，教化以学校为本”的文教政策。在这一政策指导下，学校教育有了很大发展，在全国各地普遍设立学校，完善学校教育网络；科举制度受到青睐，士人都以登科为荣，科举日益成为明朝最主要的选士制度。同时，明朝统治着也采取各种措施，加强思想控制，实行文化专制，推崇程朱，删节《孟子》，严格管理学校，禁止学生议政，屡兴文字狱。明朝文化专制统治超过历史上任何一个朝代，达到登峰造极的地步。

清朝统治者重视文化教育事业对于治理国家的作用，在立国之初便制定“兴文教，崇经术，以开太平”的文教政策。在中央和地方广泛设立各类学校，建立起完整的学校体系，至乾隆年间，官学达到全盛。在思想文化领域大力提倡程朱理学，把它作为官方的统治思想。在学校教育中强令以理学为基本教材，并将其作为科举考试的标准，以达到专制统治的目的。在广泛兴设学校、积极

发展文教事业的同时，清政府制定了各种严厉的学规，加强对各级学校的管理和控制。

二、办学形式

中国古代重视教育，办学形式也多种多样。夏商西周以前，“学在官府”，教育对象特定化。春秋时期，“学在官府”的局面被打破，私学兴起，办学形式开始多样化。从组织形式上看，中国古代的办学形式主要有三种类型：第一种是官学，第二种私学，第三种是书院。

官学由朝廷和地方各级政府主办，包括中央官学和地方官学两类，是古代最重要的办学形式。中央官学又包括三小类：一是最高学府。主要是太学和国子监，两者在办学育才、繁荣学术、发展古代文化科学方面，积累了许多宝贵的经验，在中国和世界教育史上占有重要地位。二是专科学校。如东汉末创立的鸿都门学，南朝的史学、文学、儒学和玄学，唐、宋、明三朝分别创办的书学、算学、律学、医学、画学、武学等。三是贵族学校。如东汉的四姓小侯学，唐朝的弘文馆和崇文馆，宋朝的宗学、诸王宫学，明朝的宗学，清朝的旗学、宗学，等等，都是属于这一类型。地方官学由地方政府举办，主要有府学、州学、县学等，但也有不少特殊的形式，如明朝在防区卫所设立的卫学，在乡村设立的社学，还有在各地方行政机构所在地设置的都司儒学、宣慰司儒学等有司儒学。

私学不由政府主持，不纳入国家学校教育制度之内，包括私塾、义学等形式。私塾又分为义塾、族塾、家塾和自设馆等。义塾是公益性的，面向清贫家庭子弟；族塾则属于宗族内部办学，往往设在宗祠内，招收本族子弟就读；家塾是富家大户聘请名师宿儒在家专门教授自己的子女；自设馆是塾师自行设馆招生，不拘姓氏。义学多由宗族组织创办，对本族穷苦子弟大多进行免费的初级教育。

书院是古代独具特色的教育组织形式，发轫于唐朝的官方藏书之地，起源

于五代的私人讲学馆，勃兴于宋朝，发展于明清，后来成为新式中学的前身。书院一般以私人创办或主持为主，也有家族、民间出资筹办的，从元朝开始逐步官学化，多数得到朝廷和地方官府的鼓励和资助，或赐名、赐匾额、赐书，或赐银、拨田产，成为私办官助、民办公助的办学兴教形式。（见图 1–2）

图 1–2　白鹿洞书院（江西庐山）

在这三种办学形式中，官学是主体，管理规范，得到政府的资助，但师资、学生、管理、教学等方面受到官方限制。私学是官学的重要补充，形式灵活，有一定的独立性，但其兴衰发展乃至具体的教学内容不可避免地要受制于政府的文教政策。书院与两者有着质的差别，它不是对私学经验的直接搬用，而是对私学进行的深刻变革，是一种独立于官学和私学两大办学形式之外的另一种形式。

三、教育管理

中国教育起源很早，传说中的伏羲、神农、黄帝、尧、舜等都十分重视教育，并且有专门管理教育的官职。据《尚书·舜典》记载，虞时即设有学官，管理教育事务，如命契为司徒“敬敷五教”，负责对人民进行父义、母慈、兄友、弟恭、子孝五种伦理道德的教育；命夔“典乐”，负责对人民进行音乐和诗歌教育。

夏、商两朝教育行政系统逐渐分化，设置司徒之类的教育主管官员，请三老、五更等国家元老参与教育事务，多由祝、宗、卜、史担当教育部门的管理者和教师。

西周时，教育行政系统虽仍属宗教礼仪部门，但教育行政系统得到发展，明确分为中央和地方两级管理。天官是宗教礼仪文化之官，负责中央教育。地方教育行政主管是作为地官的司徒，《周礼》《礼记》都明确规定司徒的职责是教民，具体内容有社会道德和风俗教育、法制教育、生产知识教育，按乡、州、党、族、闾逐级落实。

秦朝极端专制的教育管理方式制约了教育行政体制的发展，为推进“吏师制度”，在中央和地方设立法官法吏，解答官吏和人民有关法令的问题，核对法令并公布以教化百姓。汉朝没有专门的教育行政机关，在中央的教育长官称“太常”，是兼管教育的；地方学校则由各级行政长官兼管。

隋唐时期，礼部是教育的最高管理机构，其最高行政官员是礼部尚书和礼部侍郎。随着教育系统的发展和事务的增多，国子寺在隋唐时期脱离太常，成为独立的教育管理机构，复名“国子学”，大业三年（607 年）又改称“国子监”。此后，国子监作为国家教育行政部门的具体主管机构，沿设至清末。礼部制定或颁布教令后，由国子监执行实施，专门管理全国的学校教育工作。这是中国历史上设立专门教育行政部门和设置专门教育长官的开始。

从学校教育的管理体制来看，隋唐以前的地方官学都委托各地方行政长官兼管，还没有设立专门的教育行政机构。宋朝为加强对地方官学的领导，在神宗熙宁四年（1071 年）以后，陆续设置诸路学官；从徽宗崇宁二年（1103 年）起又设置诸路提举学事司。提举学事司的设立在中国古代学校教育发展史上具有创新意义。从此，中央与地方都建立专门的教育行政管理机构，在中央设有国子监，管理中央官学；在地方设有提举学事司，管理地方官学。由于宋朝对地方教育行政非常重视，所以各地方学校教育较为发达，颇有成绩，把中国古代地方官学的发展推进到一个新的阶段。

明朝主管全国教育的最高行政机构是礼部，学校监察在中央由礼部、都察院掌管，地方则由中央特派的巡按御史和按察使共同负责。英宗正统元年（1436

年），各省又设置提学官，南、北两京则设提学御史，专门负责地方的学政。随着教育事业的发展，学校的管理逐渐走向专门化和制度化。清朝在各省设提督学政，简称“学政”，由进士出身的侍郎、京堂等官充任，掌管地方文教事务。[①]（见图 1–3）学政任期三年，三年中两次巡历所属之府及直隶州，集中对府、州、县所取的童生加以考试，合格者则为府、州、县学生员。学政又是地方教职的直属长官，教师须受地方长官的指导考核，但在体制上地方长官对教师不以属员相待，一般称之为“老师”。

图 1–3 清云南广南府学政牌匾

历经几千年的发展，古代中国的教育管理体制非常完备，中央的礼部和国子监与地方教育行政机构密切合作，相得益彰，维持庞大的中央、地方二级管理的国家教育体制。这是中国古代文明发达的标志之一。

四、教育礼仪

中国古代的学校一般都有礼仪的教育内容，即学礼、知礼、懂礼、讲礼、行礼，学校自身也是以礼仪治学，从而形成了学校的礼仪制度。释奠礼、束脩礼、释菜礼和视学礼是最为重要的几种礼仪。

释奠礼　释奠礼是古代学校礼仪制度中的一项重要内容。所谓“释奠”，即陈设酒食用以祭奠先师先圣。它既是古代学校的一种典礼，又是学校的一项制度。所祭奠者，在周代为周公，汉朝以后又加入孔子，二者分别被尊称为“先师”“先圣”；宋元以后，又尊孔子为“师圣”，将其作为祭奠的主要对象，此外

① 参见刘晓编著：《蕴藏在文物中的教育》，北京师范大学出版社 2012 年版，第 64 页。

图 1-4 山东曲阜孔庙

还包括孔子的 72 位弟子。学校初建落成，必须举行释奠礼，以示遵循先师先圣的教诲，兴学以礼，教化民众。而后每年春、秋两季或春、夏、秋、冬四季还要举行此礼，以示时刻牢记教诲，不忘学业，发奋读书，以求功成名就。行释奠礼时要设祭奠的场所。最初随学校而设，在太学、国子学等学校中举行释奠礼；后代多建孔庙（见图 1-4），立孔子像（见图 1-5），置放礼器、乐器，每年定期在此举行祭孔礼。[①]

束脩礼　这是古代学生与教师初次见面时的一种礼节，即拜师之礼。束脩为 10 条干肉，是古时君臣、亲友之间互相馈赠的礼物。古时男子 15 岁入学，入学时须交束脩，以作为付给教师的酬金。因此，“束脩”也常作为上学的代称，或作为年满 15 岁的代名词。孔子曾说：“自行束脩以上，吾未尝无诲也。”[②]入学缴纳束脩并将其作为酬谢教师的礼物是天经地义的事情，由此而发展演变成学校的一种礼仪制度，体现了中华民族尊师重教的崇高风尚。当然，孔子生活的春秋时期以束脩为礼物，其后未必如此，然而“束脩礼”的名称一直流传下来，成为古代学生入学所行的第一种礼节，也使学生自入学之初便受到尊敬师长的教育。[③]

释菜礼　古代学生入学时所行的一种典礼，即用蘋、蘩等野生菜蔬祭奠先师，敬奉给教师，表示从师学艺。其仪式与释奠礼相同，只是不杀牲供奉，所以古

① 参见张光奇编著：《中国古代教育》，黄山书社 2013 年版，第 96 页。
② 《论语·述而》。
③ 参见张光奇编著：《中国古代教育》，第 35 页。

人说释菜礼是“礼之轻者”，但礼轻情义重。相传孔子周游列国时受困于陈国（今河南淮阳）、蔡国（今河南新蔡）之间，七天没有饭吃，只能靠煮灰菜为食，可他每天仍抚琴作乐。随行的弟子子路、子贡认为已到了穷途末路的境地，不免灰心丧气，只有颜回仍每天从野外采摘野菜，向老师行礼致敬，以表示尽管处境极端困苦，自己仍然坚持原则，跟随老师学艺。颜回此举体现了尊师的风尚。为此，后人便将颜回配享（即附祭）于孔子，让人们在祭奠孔子的同时也对他行祭奠之礼，暗含着对颜回尊师的赞颂。古人在学校举行释菜礼，目的在于对刚入学的学生进行一次尊师教育，让学生以颜回为榜样，始终以先生为师，永世不忘教育之恩。

图 1–5　孔子行教图

视学礼　该礼节是皇帝或皇太子视察学校时所行的一种典礼，是学校的礼仪制度之一。古代帝王视察学校有一套严格的制度，在西周时期就已形成。一年之中，天子必须亲自到学校视察 4 次。皇帝、皇太子的视学礼规模宏大，礼仪隆重，表现出统治者对儒家学说的重视和对先师先圣的敬重之意。

实际上，古代学校的礼仪教育并不仅仅局限于仪式本身。学校既然作为传习礼仪的场所，校内的一切活动都无不遵循礼制的规定，可以使学生时时处处受到文明礼仪的熏陶，从而将各种文明礼仪变为自觉的行动。①

五、教师选任

中国古代教师尚未成为专业化职业。一般来说，只要业有所专，识有所长，

① 参见朱筱新：《中国古代的礼仪制度》，商务印书馆 1997 年版，第 117 页。

便可以收徒施教。尤其在私学中，官方对私人办学并无限制，在私学教师条件方面也没有制度性要求。

在官学中，朝廷对教师任职资格有着明确的要求。要想成为教师，还要通过考试。早期官、私不分，教学只是官员职责或任务中的一部分，所以任职资格完全从属于相应的官职。汉朝博士数量少、地位很高，为社会所尊崇，尤其为儒生所向往，因此朝廷对于博士的选拔录用自然十分严格，对学术资格的要求很高。最初，博士的人选只看学问渊博与否，不问学派出身。汉武帝以后，随着“独尊儒术”文教政策的实施. 博士只限于“五经”，所以对博士的选拔作出新的规定，除学术水平的要求外，又增加对道德水平的规定。东汉时期，中国出现教师“资格考试”——要想成为太学博士，需通过太常主持的考试（类似于今天教育部主持的考试）。当时，经学名流才有任职资格，而且对教师个人的教学经历和年龄都有相应的规定,要求曾教过学生50人以上且年龄不小于50岁。

唐朝以后，国学教官一般从具有任教水平的在职官员中选用，通常强调学问、德行和年岁(或资历)三个要素。宋朝时，道德资格是选任教师的首要条件。此外，教师必须遵纪守法，在政治上与中央保持一直。熙宁八年（1075年）实施“教官试”制度，这可能是中国教育史上最难通过的教育主管和教师资格考试。元朝对国子学教官选任强调相应的资历，也允许破格选用才德卓著之人。对选拔各地学官的条件有较系统的规定。其中，教师选拔的条件则相对较严，要经过路、道及中央翰林国史院的三级考试，才能过关。可见，教师必须是才德服众之人。明朝统治者很重视教师选任事宜，非常重视教师的德性。国子监祭酒和司业的选用不是按照由低级到高级逐级升迁的任官方式，从来自全国各地的具有相应资格的官员中选取，而是选用当时的学术名流来担任。[①] 清朝国学教官选用达

① 参见倪方六：《五个问答揭秘古代老师生存状态》，2012年3月14日《南京日报》；俞启定、杨瑾：《关于中国教师资格的历史考察》，《河北师范大学学报》（教育科学版）2009年第7期。

到制度化，主要是从具有科举出身及国学贡生身份的地方各级学校教官中提拔。地方学校的教官可由科举或国子监贡生出身者直接就任。举人经三次会试不中后，可向吏部注册申请就教，以科举名次为先后排班候补。进士、举人已授知县者，到任后不能胜任，可提请改补教职，按科名先后候选。尚在候补知县之员，如吏部经考察认为不堪任职，也可劝其改教。吏部选定授予教职的人员，赴省城由巡抚考核。①

总的来看，中国古代关于教师资格标准要求已初步形成，其特点是突出强调为师的道德修养、学识和资历。

六、入学条件

中国古代教育属于稀缺资源，不对所有的民众开放。学校大都比较重视学生的入学资格，比如入学年龄、出身门第、品德才学等，并对其作出具体而严格的规定。随着历史的不断发展，这种规定在不同的时期略有不同。

入学年龄涉及学生智力发展的程度。最早注意入学年龄的是西周时期的学校，当时的国学、乡学对此都有严格规定。国学的入学年龄历史记载多有出入，但一般都认为当时的规定是：王太子 8 岁入小学，15 岁入大学；世子（公卿长子、大夫、元士嫡子）13 岁入小学，20 岁入大学;余子（大夫、元士庶子）15 岁入小学，入大学则更晚。乡学因只有小学程度一级,故规定为 8 岁入学,但也有 15 岁入学的。此后，魏国太学也规定入学年龄，要求 15 岁以上。唐朝中央官学规定：入普通科者年龄须在 14 ～ 19 岁，入律科者年龄须在 18 ～ 25 岁。宋朝中央官学中的贵族学校规定：为王属尊者设立的小学，入学年龄为 8 ～ 14 岁；为贵胄子弟中超异者设立的小学，入学年龄均为 10 岁以下。金朝学校中的国子监规定：宗室及外戚等

① 参见刘晓编著：《蕴藏在文物中的教育》，第 64 页。

官宦子弟 15 岁入太学，不到 15 岁的入小学。明朝的宗学规定入学年龄为 10 岁以上，武学的入学年龄为 10 岁。清朝贵胄学校中的宗学入学年龄规定为 8 ～ 18 岁，旗学入学年龄为 13 ～ 23 岁。值得一提的是，除以上官学规定有明确的入学年龄以外，其他类型的官学要么因为是高等学校，要么因为与科考相联系，在入学年龄上未作严格限制。至于私学，专经讲授的学校一般未作出规定，蒙学性质的学校大多限制在五六岁至 20 岁之间。书院则纯粹是集教学与学术研究于一身的私人性质的高等学校，未对入学年龄有特殊的限制。

由于各学校的等级和性质不同，历代对学生入学条件的要求也不尽相同。

中央官学规定的入学条件较为严格。西周国学的入学者只限于贵族，不仅如此，还须经过德行、言语和治事才能方面的考试方能入学。汉朝太学招收博士弟子，采用两种方法：一是由太常在京师和地方直接挑选，选送的条件为年满 18 岁，仪表端庄；二是由郡国道邑举送，举送标准是以德才为主，也重仪表。唐朝的入学条件是：国子学须文武三品以上子孙，太学须文武五品以上子孙，四门学须文武七品以上子孙及庶人中俊异者，书学、算学、律学须八品以下及庶人中通其学者。宋朝国子学的入学条件为七品以上官学的子弟，太学为八品以下官学的子弟及庶人中俊异者，武学入学条件为使臣、门荫子弟及庶人，律学入学条件为命官、举人，算学入学条件为命官、庶人，画学入学条件为杂流、士流。元朝国子学的入学条件规定为七品以上朝官子孙及卫士子弟；平民中的俊秀者须经三品以上朝官保举，方能为陪堂生伴读。明朝中央官学对学生入学条件已无严格规定，国子监除少数品官子弟可免试入学外，其余的只需通过省提学官考试及由翰林院命题在国子监举行的考试，即可入学。清朝则规定凡为地主阶级子弟均可入学国子监，但须经过考试，且只限满、蒙、汉等主要民族。

地方官学规定的入学条件相对宽松一些。西周的乡学招收乡里庶民子弟入学，唐朝地方州、县学大多招收一般庶民子弟，并无严格规定的入学条件。到宋朝，地方官学学生入学虽无等级身份观念，但也明文规定曾经犯过法的人等不得进

入官学学习。元朝地方官学规定了入学条件。如：蒙古字学的入学条件为诸路府官子弟、民间子弟、卫士子弟，孔、颜、孟三氏学的入学条件为孔子、颜渊、孟子三氏的子孙后代，入阴阳学者必通阴阳学，入医学者必通医学。明朝地方官学则规定必须通过考试方能入学。清朝地方官学规定的入学条件为"不通文义，倡优隶卒子弟"者不能入学，同时也须通过考试且成绩合格者方能入学。①

私学的入学条件更为宽松一些。儒家私学规定只需"自行束脩以上"即可入学。墨家私学稍微严格一点，规定以下层出身的人为招生对象，只要精于手工器械制作即可入学。汉朝以后的私学基本上沿袭儒家的传统，只要学生诚心求教，交纳一定的隆师之礼，不论出身门第，都可入学。

因此，中国古代学校的入学条件，以春秋战国为界限，可以分为前、后两个时期。在此之前，学校属于贵族教育，而且贵族等级越高，入学年龄越早，反之则越迟。此后，中国虽然进入平民教育阶段，但除了私学可以自由出入外，中央官学对入学资格与条件均有严格的限定，地方官学设定的条件——年龄、身份和德行也日趋规范和法制化。

七、学生待遇

古代学校对学生的入学条件作了不同的严格规定，而学生一旦正式入学，享受的待遇相当优渥。

汉朝太学的正式学生都享受官俸，不缴纳学费。太学提供学生居住的房舍，或分室而居，或携家室同居，还为学生规定统一的服饰"长裾"——一种长衣，学生在听课或向教师请教时须穿戴这种服饰。

唐朝中央官学在校学生的膳食都由学校供给。天宝十五年（756 年）以后，

① 参见钟杨：《我国古代学校的学生管理》，《西南师范大学学报》1994 年第 3 期。

东京、西京所属中央官学廪饩之制废绝，致使学生大量流失。广德二年（764年），为了挽回这种损失，下诏要求追回流失学生返校习业，并下令恢复中央官学的廪饩之制。由此可知，唐朝在校学生多以供给膳食为原则。

宋朝中央官学学生都由政府提供膳食，并予以津贴。宋神宗时，太学的上舍生和内舍生每月可以得到300文“添厨”，后来增加到1000文左右，崇宁三年（1104年）继续追加为1300文;外舍生则由850文增加到1240文。宋仁宗时，由于教育家胡瑗和孙复的建议，朝廷批准太学生员可以留宿学校。从此，“远方孤寒之士”得以在校寄宿。地方官学学生同中央官学学生一样享受朝廷拨给的经费，由官府给食，按月领取“添厨”费用，还可以免除劳役和兵役。

元朝统治者非常重视人才的培养，在学生管理上不惜“破着钱物，每日与茶饭”。学生在学期间，享用政府拨给的钱粮，享受政府给予的一些特权。至元六年（1269年）规定：如果学生愿意入学，免除一切杂役。地方官学与中央官学一样，学生在学期间可以享受政府拨给的津贴、补助和膳食费用。此外，学生还可以享受一些特殊照顾，比如医学学生可以免除本身检医差等杂役。

明朝统治者为了培养人才，给予中央官学的学生相当优厚的待遇。国子监规定:第一，生徒享受国家供给的廪膳，并按季发给监生衣服、被褥、冠履。第二，每逢节令，国家还给监生一定的奖赏，有时甚至由皇帝亲自馈赐监生及随行的家眷。第三，国家对已婚的监生负责供养其妻室儿女，未婚的监生则赐钱婚聘，监生结婚时政府提供结婚费用而无需偿还。第四，监生省亲回籍，政府还赐衣穿，赐钱作盘缠。第五，监生及家庭享受免役特权。第六，对于来自边远地区的官生及外国的留学生，亦厚赏其仆从，以资劝奖。地方官学学生的待遇也极为优厚。洪武年间规定：生员每月可以领6斗（约合45千克）粮食，有司给以鱼肉，伙食由学校包揽。同时，除本人外，免去两个人的徭役。

清朝也很重视笼络人才，中央官学生员的待遇较为丰厚。顺治九年（1652年）

规定：学生饮食由政府负责，官员对学生要以礼相待。对于贫苦生员，可以从本校学田的租赋中获得一定的资助。监生均免去丁粮、官役和差徭，使生员不同于一般庶民。雍正八年（1730 年）颁定：国子监在讲课期间，政府每年赏银 6000 两，作为伙食补助。如果有剩余，就作为救急备用金。地方官学生员待遇相对较低，但也可免除徭役，家庭贫苦的生员由政府发学田租谷，予以救济。书院生员的待遇也极为丰厚。生员不仅不交分文学费，各书院还定有“津贴寒士膏火办法”，供养寒士生活之用。（见图 1–6）[①] 学生不但可以自给，还可赡养家室，免除后顾之忧，得以安心读书。

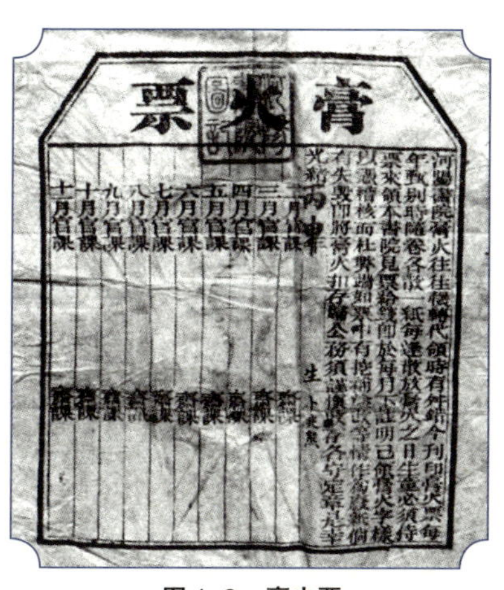

膏火票

光緒丙申年

图 1–6　膏火票

纵观古代学校，对学生的待遇问题都十分重视，并给予相当丰厚的待遇，包括补助伙食费、提供服装、免除赋役，甚至还有额外的零用钱。

八、学校假期

古代学生大都在“十年寒窗无人问”时勤勉发奋，他们“头悬梁，锥刺股”，盼望着有朝一日一举成名。但是，为了张弛有度、更有效率地学习，为了照顾外出求学的学生们的思乡之情，假期也是必不可少的。

汉朝以前的假期极少。据记载，官员们只有到天气极为寒冷时才能休息，学生们恐怕也只有此时才能享受几天假期。虽然有些短暂，但总比没有要好得多。

① 参见刘晓编著：《蕴藏在文物中的教育》，第 82 页。

从汉武帝创立太学开始，学校就有了太学生的休假制度，主要是“田假”和“授衣假”，相当于现在的暑假和寒假。发展到隋唐，形成比较固定的假期制度。当时有三种假期：

第一种是“旬假”，10 天为一旬，每旬只放一天假，一般是在旬考之后，供学生们休息。10 天休一天，离家较近的学生可以匆匆忙忙到家里看一眼；而对于老家在外地的学生们来说，根本无法回家，所以国子监干脆规定：旬考之后休假 1 天，外地学生不许回家。

第二种是“田假”，也就是农忙假，每年农历五月，麦子成熟，学生可以休假回家，下地割麦，所以又称“田假”。田假大体相当于现在的暑假，假期为一个月左右，出身农家的子弟可以回家帮忙干农活。

第三种是“授衣假”，起始于唐朝时期，是每年农历九月份天气渐渐变冷以后，让学生回家取衣服的假，时间也是一个月左右。《诗经》里也有“七月流火，九月授衣”的记载，此时放授衣假，一是因为这个时候天气开始变冷，二是因为妇女们

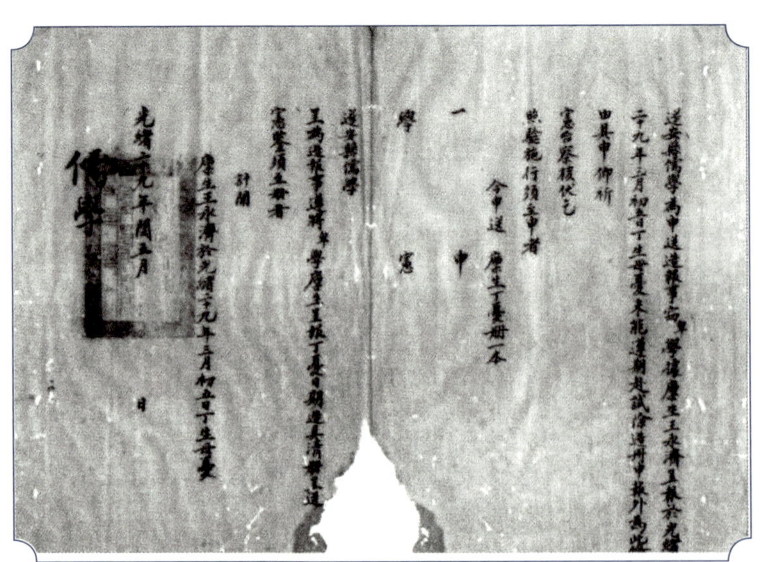

图 1–7　清光绪年间学生的请假条

开始闲下来。《新唐书·选举志》上也有明确记载:“每年五月有田假,九月有授衣假。”为防止学生因长假而荒废学业，学校规定：凡逾期未返校者，一律开除学籍。

田假和授衣假加起来有两个多月的时间。这是因为古时的国子监设在京城首府，国子监的监生大都是从全国各地选拔而来，有的路途很近，有的很遥远，为方便学生回家，假期一般都比较长。更为人性化的是，这一个月的假期不包括学生来回奔波的时间。如果有一些学生实在因回家的路途太遥远而耽搁过多的时间，可以申请适当延长假期。(见图 1–7)[①] 当然，唐朝对学生的假期管理制度也有严厉的一面，如果学生申请适当延长假期后仍然没有按时返校，则予以辞退处理。[②]

① 参见刘晓编著:《蕴藏在文物中的教育》，第 76 页。

② 参见张建华:《古代学生如何放假》，2012 年 3 月 14 日《南京日报》。

第二章 官学

官学是中国历代朝廷和地方各级政府兴办和管辖的学校系统，包括中央官学和地方官学两大类，它们是中国古代教育体系的主要组成部分。

最早的官学几乎是与国家同时产生的。据文献记载：夏朝在王都设有“序”，在地方设有“校”，两者都属于早期的官学。商朝时，王都有大、小学，地方也有学校，以礼乐教育为基本内容。西周时，官学开始完备，并自成系统。位于国都的称“国学”，其他地方的则称“乡学”，国学又有大学和小学之分。周天子的大学称“辟雍”，诸侯的大学称“泮宫”；乡学又称“庠”“序”。无论大学还是小学，六艺是其基本的教育内容。夏、商、西周三代官学分王都（中央）与诸侯（地方）的体制，奠定了中国古代官学的基本格局。

如果说三代是官学的开创和初步发展时期，那么春秋战国则是官学的废弛时期。当时列国纷争，诸侯王大多以快速富国强兵为目标，无暇顾及难以立刻收到成效的官学。除了齐国的稷下学宫曾盛极一时外，官学总体上处于废弛状态，无法像三代那样承担起培养贵族统治人才的职能。

汉朝是官学的重建时期。从汉武帝开始，汉朝不仅全面恢复中央官学和地方官学系统，而且官学的对象呈现扩大化态势，不再限于贵族。东汉时，官学的形式得到丰富，出现了专门为宗室外戚等贵族子弟设立的宫邸学和研究文学艺术的专科学校——鸿都门学。

魏晋南北朝时期，政局纷乱，官学时兴时废，极不稳定，而门阀制度的膨胀更对官学产生消极的影响，官学出现衰落的局面。

隋唐时期，由于统治者采取较为开明的文教政策，学校教育的发展超过以前任何一个朝代而达到新的高度。官学成为学校教育系统的骨干，不仅中央官学的类型增加不少，而且地方上也按行政区划建立州学和县学。地方官学与中央官学联系，向中央选送生员，两者组成隋唐的官学网络。

宋辽金元时期，官学呈现断续发展的形态。宋初，由于重视科举取士，虽然设立官学，但不受重视。自三次兴学运动以后，中央和地方才建立较完备的教育

体系。南宋偏安江南，官学也有一定程度的发展。辽虽然是游牧民族建立的政权，但仿效唐朝官学，从中央到地方建立官学体系。金效法唐宋，也建立了完整的官学体系，并在世宗（1161 ～ 1189 年）、章宗（1189 ～ 1208 年）时达到全盛。元朝在忽必烈（1260 ～ 1294 年）时期，官学教育进入兴盛时期。宋辽金元时期，官学的类型有所增加，如宋朝新增的武学与画学，元朝增设的诸路阴阳学以及创立的社学等。

明清是官学的承袭和衰落时期。明清的官学体系基本一致，分中央与地方两大类，形成从地方到中央相衔接的学制系统。但明朝的地方官学空前发展，社学制度趋向完善，而清朝重视对八旗子弟的教育和俄语人才的培养。从明清开始，由于科举制的导向影响，各级官学传习八股文，官学声誉受到削弱，原来作为私学兴起的书院有了蓬勃发展，并得到官方的支持。

总体来看，中国古代的官学，从夏、商、周三代算起，直至清朝，走过一条曲折的发展道路，但基本保持着中央官学与地方官学两大系统的基本格局。

一、中央官学

中央官学是朝廷直接兴办和管辖的，以培养统治人才为主要目的的学校系统，宗旨是为朝廷培养各级统治人才，教学内容主要以儒家为主。根据中央官学各自所定的文化程度、教育对象和教学内容的不同，可将其分为最高学府、专科学校和贵族学校三大类。

中央官学的萌芽可以追溯到三代。文献记载中夏朝在王都设立的“序”，商朝的“瞽宗”，西周的“辟雍”，都具有最高学府的性质。

西汉时，中央官学正式设立。元朔五年（前 124 年），汉武帝（见图 2-1）在京师长安西北城郊设立太学，规模相当可观，是西汉时期的最高学府。它与西方的雅典大学、亚历山大尼亚大学等，同为世界上古老的高等学校。东

汉时，又出现以皇室和贵族子弟为教育对象的“四姓小侯学”、以宫人为教育对象的宫廷学校和以文学艺术为研究对象的专科学校——鸿都门学，标志着中央官学的丰富。

图 2–1 汉武帝像

魏晋南北朝时期，中央官学出现较大的变动。一方面，太学基本保留。曹魏、两晋、北魏等朝代都曾设立太学，但与汉朝的规模相比，有颓败之势。另一方面，不同形式的专科学校开始涌现。三国魏明帝太和元年（227 年）设置律博士，后秦姚兴、南朝梁武帝也增设律学。晋武帝立书博士，设弟子员，教习书法。南朝宋文帝设立儒学、玄学、史学、文学四个学馆，即研究儒经的儒学、研究佛老的玄学、研究历史的史学、研究词章的文学四科。南朝宋文帝元嘉二十年（443 年）开设医学，北魏也增设医学博士以教弟子。这些专科学校的出现打破了经学一统的局面，对隋唐专科教学体制的发展有重要的影响。

隋唐时期，中央官学有系统的发展。隋朝的中央官学设有五学——国子学、太学、四门学、书学、算学，并在中央设立国子寺专门管理学校教育工作。书学、算学以及律学初创伊始，属于专科性质。这套体制基本被唐朝继承下来。唐朝中央官学设有六学、二馆。所谓六学即国子学、太学、四门学、书学、算学、律学，直隶于国子监。前三学属大学性质，后三学属专科性质。二馆分别是崇文馆和弘文馆。崇文馆直隶于东宫，弘文馆直隶于门下省。除此之外，还有直隶于尚书省祠部亦属大学性质的崇玄学、直隶于中书省的集贤殿书院、附设于太医署的医学、附设于太仆寺的兽医学、附设于司天台的天文历算学等。崇文馆、弘文馆、医学和崇玄学属于旁系。皇族子弟另立小学。这些不同的教育机构都是中央官学的组成部分。

宋朝中央官学有国子监直辖的国子学、太学、四门学、律学、武学，朝廷直属的宗学、诸王宫学以及中央政府部门的专业学校医学、算学、书学和画学；此外，

还有广文馆、宫学和道学。辽在国子监辖下曾置上京、中京、东京、西京、南京五京国子学。金和元效仿宋朝，除了在国子监辖下设立国子学外，还设置以本民族语言进行教学的学校，如女真国子学、蒙古国子学等，也分别称“国子监”，其目的在于保存和发展本民族的语言文字，保持本民族的性格特征与传统。

明朝的中央官学主要是南、北国子监，此外还有宗学、武学等。清朝中央除了设立国子监外，还有宗学和觉罗学。宗学是专为清宗室子弟设立的学校，觉罗学是专为清爱新觉罗氏子弟设立的学校。与宗学相比，觉罗学生源更广，扩展到整个爱新觉罗氏。此外，清朝还有为八旗子弟设立的旗学，有八旗官学，隶属于国子监；景山官学、咸安宫官学，隶属于内务府管辖。重视对旗人子弟的教育，广泛设立旗学，这是清朝学校教育制度的一个重要特点。

中央官学在培育各种优秀人才，继承中国古代文化遗产，繁荣科学、学术事业等方面，曾经起过十分重要的作用。在促进中国与亚欧诸国的文化交流和增进中国人民与各国人民友谊方面，也曾起过积极的作用。

二、地方官学

地方官学是指中国古代地方官府以行政区划为原则，在地方兴办的官方学校。

虽然西周时就有“乡学”的记载，但地方官学自汉朝正式设立。西汉中期，汉武帝对文翁在蜀地的兴学之举十分赞许，诏令在天下郡国都设置学官，但当时所设，往往流于学者集会的场所。平帝元始三年（3 年）对地方设立学校的名称和师资作出规定：郡国的称“学”，县、道、邑、侯国的称“校”，乡镇的称“庠”，村落的称“序”；“校”“学”置经师 1 人，“庠”“序”置《孝经》师 1 人。自此，地方学校体制得以建立。

在魏晋南北朝的 3 个多世纪里，国家经常处于战乱、分裂与矛盾之中，造成地方官学或兴或废的状态。三国时期，魏、蜀、吴三国都曾设有地方官学，

但持续的时间不长。两晋时期，地方官学没有统一的规划，也没有固定的经费，其开办得力于地方长官的热情。如东晋时征西将军庾亮（289 ～ 340 年）在武昌兴学，设置学官，建立讲舍，规定凡是参佐大将的子弟全都入学学习，他自己的子女也都去接受教育，然而在庾亮去世后不久即荒废。南北朝时期，北朝的地方官学较南朝发达，特别是北魏立国后，从献文帝开始，采取崇儒政策，重视开办各级学校，培养统治人才。

隋朝结束分裂局面，国家重归统一，地方官学实行州学、县学二级制，并要求天下州、县普遍设置博士，以教育百姓，但由于立国较短，实效不佳。唐朝是古代社会的盛世，前期教育事业空前发展，地方官学繁盛，主要有三种类型：经学、医学和崇玄学。（见图 2–2）经学由地方教育长官长吏主管，医学则归中书省下属的太医署领导。唐朝尊崇道教，不仅在中央设置崇玄学，在各州也建立 1 所崇玄学，设玄学博士 1 人，讲授《道德经》《庄子》《列子》《文子》等道德经典，学生毕业后可参加道举考试。府、州、县学的学生一般系下级官吏及庶民子弟，教学的要求相对低一些。学生毕业后，一是升入中央四门学，继续学习，一是直接参加科举考试。[①]

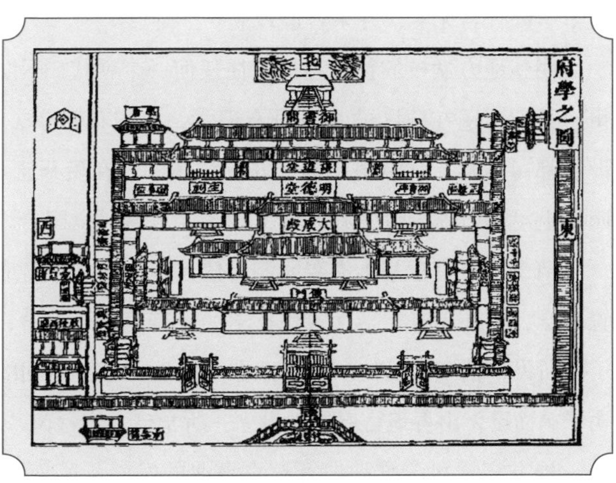

图 2–2　唐朝的府学图

① 参见刘景云、杨林、孙建军编著：《图说科举制度》，第 59 页。

宋朝地方行政分路、州（府、军、监）、县三级。由于路不直接设立学校，仅设学官以管理所属州、县的学校，而府、军、监又不常设，所以地方设立的官学仅有州学和县学两级。宋朝官学分布地区较广，从中原地区向长江以南发展，并在边疆少数民族地区设立番学。地方的科技教育和武学教育继续发展，医学、画学纷纷设立。辽朝地方官学有府学、州学和县学，州学和县学亦设博士、助教。金朝的地方官学主要有府、镇、州学和女真府、州学，此外还有医学，建立起较为完整的女真族教育体系。元朝地方官学制度比较完备，按照路、府、州、县的行政区划，在地方建立路学、府学、州学、县学以及小学、社学。这些学校均属于儒学系统，此外还有蒙古字学、医学、阴阳学等专门学校。事实上，很多学校有名无实，并未普遍设立。

明朝地方学校的普及超过以往任何一个朝代，不仅在全国府、州、县设立府、州、县学，还在防区的卫所设有卫学，乡村设社学，在各地方行政机构所在地设置都司儒学、宣慰司儒学、安抚司儒学。在贵州土司、云南土司、广西土司、四川土司等边疆少数民族区域也设学，最盛时全国合计有学校1700余所。

清朝地方官学基本沿袭明制，依其地方区划设有府学、州学、县学，在乡间置社学，此外还有相当于府州县学的还有商学、卫学、土苗学等。商学是为盐商子弟所设，辖于盐运使。卫学系在一些地区维持明朝的卫所建置。土苗学是为土司子弟而设，由各地官府单独设立一所学校，安置苗、瑶等少数民族子弟入学。

地方官学对于推动地方教育事业的发展，实施道德教化，以及促进中华民族的融合，起到非常重要的作用。

三、专科学校

专科学校是朝廷兴办和管辖的培养各种实用专门人才的学校，是官学的有机组成部分。从东汉后期专门研究文艺的鸿都门学算起，到清朝时，中国曾出

现过医学、律学、阴阳学、算学、书学、画学等专科学校。

医学是培养医药人才的专科学校。魏晋南北朝时期，老庄玄学盛行，求养生之道，医学受到重视。南朝宋文帝元嘉二十年（443 年）始设医学，北魏时设太医博士教授弟子，隋沿魏制，唐、宋两代大加发展，成为中国医学发展的鼎盛时期。唐朝还有地方的府、州医学，形成从中央到地方一套完整的医学教育系统。医学是中国历史上唯一形成学校系统的专科学校。

律学是学习法律的专科学校。南朝梁武帝天监四年（505 年），仿宋设学馆，招纳后进，置“五经”及律学博士各 1 人，这是律学成为专门学校的开始。律学从梁武帝创立，直到宋末，其间虽几经兴废，延续 700 多年之久，是中国历史上存在时间最长的专科学校。

阴阳学是学习天文知识的专科学校，主要存在于唐、元、明三朝。唐朝天文学附设于司天台，按业务范围分科教学，有天文、历法、漏刻三科。元朝中央设司天台，掌管天文事宜。地方各路设阴阳学，直接隶属司天台。明朝因袭元制，于洪武十七年（1384 年）设置中央和地方两级阴阳学，分别由府正术、州典术、县训术任学官。阴阳学具有浓厚的迷信性质，与唐朝医学中的咒禁科相似。

算学是培养数学人才的专科学校，是中国最早的学习研究自然科学的专门学校。算学始建于隋文帝时期（581 ～ 604 年），唐朝科举设算学科。宋徽宗崇宁三年（1104 年）设置算学，隶属于太史局，规模比唐朝大，但教学内容与唐制相比无多大变化。毕业考试及待遇均与太学同。

书学是学习研究书法艺术的专科学校。书学创建于隋文帝初年，唐朝时废时兴，置书学博士 2 人，助教 1 人，学生 30 人。宋朝书学达到鼎盛阶段。徽宗崇宁三年（1104 年）重建书学，隶翰林院书艺局。学生毕业后，可以参加科举考试。宋末社会大乱，书学亦废。唐宋的书学对中国书法艺术的发展和流传起了重要的作用。

画学是宋朝培养绘画人才的专科学校。宋徽宗是位著名的画家，于崇宁三

年（1104 年）设立画学，隶翰林院图画局。由于皇帝对画学的重视，宋朝绘画艺术水平很高，出现了许多著名的画家。

玄学是唐朝学习玄学的专科学校。唐玄宗开元二十九年（741 年）下令两京及诸州各置玄元皇帝庙兼置崇玄学。崇玄学各置博士 1 员，助教 1 员，学生 100 人，令习《道德经》《庄子》《列子》。州、县于学士数内还另置助教 1 人，待习成后，每年随举人例送名至省，准同“明经”考试，通者准及第人处理。玄学的设立影响了以后道教的传播。①

这些学校培养出不少专业人才，对发展中国的自然科学、法学、文艺等方面起过很大的作用，并对世界文化做出一定的贡献。但到清朝前期，专科学校已呈现衰败景象。清朝先是停办武学和医学，接着又缩小天文学和算学的规模，后来虽然恢复算学，新设俄罗斯馆，但专科学校的没落趋势已经无可挽回。

四、稷下学宫

稷下学宫是战国时期齐国兴办的一所著名学府，因其建于齐国都城临淄（今山东淄博）的稷门（城西南门）附近而得名。

士阶层的崛起是春秋战国时期蔚为壮观的一道风景。得士者昌，失士者亡。士成为衡量诸侯实力的标准，关系着诸侯国的安危存亡。诸侯王不仅招贤纳士，还有意培养士人。公元前 386 年，田氏取代姜姓成为齐国君主。齐桓公田午继位后不久，秉承国君礼贤下士、重视人才的风气，以齐国殷实的经济实力为基础，设立稷下学宫，招揽天下士人。

齐桓公田午在位时，田氏代齐的时间还不长，新生的政权有待巩固，而人才又十分匮乏。齐桓公就在齐都临淄的稷门附近建起巍峨的学宫，设大夫之号，

① 参见高琦：《中国古代的专业学校与专科教育》，《中国职业技术教育》2007 年第 20 期。

招揽贤士。到齐威王、宣王时期，随着齐国国势的强盛，前来游学的学者达数百千人，被赐予“上大夫”称号的就有 76 人，被尊称为“稷下先生”，他们云集稷下授徒讲课，稷下学宫进入蓬勃发展的新阶段。齐湣王时，稷下师生一度多至万人。但在他执政后期，学宫呈现颓废气象，一批稷下先生纷纷离去。公元前 284 年，燕、赵等六国联军攻打齐国，攻破临淄，学宫被迫停办。湣王之子襄王恢复稷下学宫，召回和招聘一批稷下先生。荀子是当时德高望重者，三次被尊为祭酒（学宫之长）。齐王建时期已至战国末年，秦国有统一天下之势，有识之士纷纷投奔秦国，稷下学宫缺乏生气，衰落也就成为必然。公元前 221 年，秦军攻入临淄，齐王建投降，齐国为秦所灭，稷下学宫随之消亡。

稷下学宫作为历史条件的产物，具有多重性质。首先，它是一所学府。学宫由政府支持主办，有房舍，有作为“祭酒”的管理者，有作为“大夫”的著名学者。这些学者的研究领域涉及政治、经济、军事、哲学、历史、法律、教育等，留下许多优秀著作。其次，它还是一所资政议政机构。稷下学者拥有官号，虽然不从事具体政务的处理，只讨论学术思想和国家大事，但是他们可以用自己的思想理论和卓越学识参议国事、论证决策，或提供咨询、策划良谋。最后，它还是一所学术研究机构。稷下学宫在其兴盛时期，曾容纳“诸子百家”中的几乎各个学派，如道、儒、法、名、兵、农、阴阳诸家，汇集的士人多达 1000 人左右，著名的如孟子、淳于髡、邹衍、田骈、慎到、鲁仲连、邹爽、荀子等。稷下学宫的文人学者，无论其学术派别、思想观点、政治倾向如何，都可以自由发表自己的学术见解，从而使学宫成为各学派学说荟萃的中心。这些学者们互相争辩、诘难、吸收，是战国“百家争鸣”的具体体现。

稷下学宫从桓公创建，中经威、宣、湣、襄四世，到齐王建结束，历时约 150 年。它创办的时间之早、经历的时间之长、师生的规模之大，在中国教育史上是罕见的，不仅为战国后期齐国的强盛打下了良好的基础，促进了社会和学术的繁荣，而且它鼓励学术自由和争鸣、尊重和优待士人的措施，也已成为后世的典范。

五、太 学

太学是汉朝始创的国家最高教育机构。它历经曹魏、西晋，至北朝末衰落，又复兴于隋唐，发展于宋朝，历时 1300 多年，是中国古代的第一所中央大学。

西汉时，汉武帝接受董仲舒提出的"兴太学，置明师，以养天下之士"的建议，于元朔五年（前 124 年）正式设立大学。太学在最初建立时规模很小，仅有博士弟子（即太学生）几十人，后来规模不断扩大，以至有数万人之众。汉末董卓之乱中，太学被毁。三国时，曹丕称帝后，恢复太学。晋武帝时，太学规模再度扩大，一时人数又达万余，西晋灭亡后太学再次被毁。十六国虽然也曾设置太学，但是政治环境动荡无序，太学不能进行正常运转。北魏孝文帝迁都洛阳后，重建太学，太学才出现复兴的局面，但没有达到汉朝的盛况。北魏分裂后，太学又一次走向衰落。隋唐时期，太学属国子监统领。宋朝时太学仍为最高学府，隶属国子监。辽南京（今北京）学有"南京太学"之称。金亦有太学及太学博士。元、明、清只设国子监。

太学的教师主要由博士充任。战国、秦朝已有博士之官，用来管书籍，备顾问。自西汉始，博士的主要职责是对弟子授业传道，同时还要奉使议政，试贤举能。他们要想担任太学教师，必须熟习经史，为一代鸿儒巨贤。北齐、唐、宋等朝的太学，还设有助教协助博士施教。

太学的学生历代称谓不一，或称"博士弟子""太学生""诸生"等。招收学生的条件，唐朝规定太学生限文武官员五品以上子孙、取事官五品的期亲或三品的曾孙以及勋官三品以上有封之子。宋朝太学生须文武官八品以下的子弟及庶民之俊异者。

太学的教学，汉朝以儒家的"六经"为唯一的学习科目。当时为避免因抄写经籍错漏而引起纷争，东汉熹平四年（175 年），汉灵帝下诏诸儒校"五经"

文字，刻石于太学门外，成为官定的太学标准教材。南宋时复以“四书”为教材，教授方法多取自修、讲授、讨论、解惑等。

汉朝在中央政府设置“太常”，作为兼管教育的长官，职司礼仪、选试博士、宗庙等事务。唐、宋两朝设教育行政机关国子监，总辖太学诸学。同时，历朝太学均制定各种规章制度，颁行学规，明确考试、放假等制度，严禁各种离经叛道的思想行为。

太学作为中国古代社会的最高学府，是国家培养和输送人才的基地，也是王朝传播政令、施行教化的重要阵地。它的建立标志着中国古代有了形态比较完备的大学，不仅促进了中国古代政治统治的发展，也对古代文化的积累和发展起了“薪尽火传”的重要作用。

六、文翁兴学

文翁（见图 2-3）[①]，生卒年不详，西汉庐江郡舒县（今安徽舒城）人，中国有史记载的第一所地方官办学校的创立者。

图 2-3　文翁像

文翁少年时好学，通晓《春秋》，汉景帝后期担任蜀郡太守。他看见蜀地民风野蛮落后，就采取多种措施加以改善。一方面，他选出张叔等 10 多个聪敏有才华的郡县小官吏，亲自告诫勉励，遣送他们到长安太学学习。这些人学成后，仍由地方政府安置使用。另一方面，选派官吏到太学学习，以提高他们的素养。这虽然是一条捷径，但毕竟名额

① 采自张光奇编著：《中国古代教育》，第 13 页。

有限，大量派人也不现实。因此，文翁又在成都创办地方学校——郡学，招收属县的青年为学生。为了让他们安心学习，文翁免除他们的徭役。在郡学学习结业的学生，文翁加以适当任用，学问高的可以增补郡县官员的空缺，学问稍差一点的可以担任孝弟力田（地方上主管德行教化的官职）。文翁还重视培养学生的从政能力，经常选一些学生在自己身边做事，磨炼他们。每当到属县巡察时，他常带一些品学兼优的学生同行，让他们出入官衙，传布教令。

文翁兴学对蜀地的文化发展做出重要贡献。学生可以与郡守一起出入，这在当地人看来是件非常荣耀的事情，于是各县民众纷纷抢着进入学校学习，有钱人甚至花钱以求能成为学官弟子，蜀地的民风由此得到极大的教化。蜀地此后出现司马相如、扬雄等知名才学之士，与文翁兴学造成的社会风气亦不无关系。而从汉至元，再到明清，文翁兴学之处一直是蜀地官学所在地，中间曾遭受毁灭，清朝时刘德芳重建，名为“锦江书院”，延续其教化功能。

文翁兴学在中国古代教育史上也是一个创举。春秋时期，随着社会经济的发展和社会形态的剧变，世袭贵族垄断高等教育的局面被打破，官学衰落，教育逐渐从王室官府的控制下解脱出来，教育对象扩大到社会各阶层乃至平民。然而直到汉初，郡县均无官学。文翁创办的郡学不仅揭开了古代社会地方官办教育的新篇章，而且还得到西汉朝廷的赏识。汉武帝推广他的做法，下令所有郡、国中建立学校，设官教学。①

历史也没有忘记文翁。文翁去世后，蜀地的官民为他建盖祠堂，每年祭祀不断。“初唐四杰”之一卢照邻曾作五言律诗《文翁讲堂》：“锦里淹中馆，岷山稷下亭。空梁无燕雀，古壁有丹青。槐落犹疑市，苔深不辨铭。良哉二千石，江汉表遗灵。”诗中“二千石”即代指文翁，对文翁的敬仰之情溢于言表。《中

① 参见金生杨：《文翁化蜀的历史反思》，西华大学地方文化资源保护与开发研究中心编：《地方文化研究辑刊》第1辑，天地出版社2008年版，第110～124页。

国大百科全书·教育卷》中，列选中国古代教育家 29 人，其中“文翁”这一条目写道：“文翁兴学，实为中国历史上地方政府设立学校之始。”①

七、鸿都门学

鸿都门学是东汉灵帝在皇宫之门——鸿都门设立的学习和研究文学艺术的专科学校，也是中国有史记载的第一所专科学校。

汉灵帝刘宏（156 ～ 189 年）是一位既昏庸又有才艺的皇帝。一方面，他在位期间，施行党锢及宦官政治，设置西园，卖官鬻爵，巧立名目搜刮钱财，以致爆发黄巾起义；另一方面，他曾学习儒家经典，对经学抱有很大的兴趣。熹平六年（177 年），他自造《皇羲篇》50 章，招了一批学生在鸿都门下待命。他的本意是弘扬经学，结果把一些尺牍写得好以及工书鸟篆的人都引召去，共有数十人。这些人作为鸿都门待制诸生，在乐松、贾护的关照下，投合了灵帝的个人趣味，深得灵帝的好感，最终促成了鸿都门学的设立。

光和元年（178 年）二月初九，鸿都门学正式成立。为使这个场所有一副像样的门面，灵帝曾下令将鸿都门装饰一新。鸿都门学设置之后，又挂起孔子及其七十二弟子的画像。

从鸿都门待制诸生的聚集过程来看，大概最初只有数十人，后经乐松、贾护的招引，迅速增加到数百人，笼统地称“千人”。他们的出路各书所记载也基本一致，是由灵帝敕州郡、三公辟用，或者出任刺史、郡守，或者入为尚书、侍中，其中有人还被封侯赐爵，即赐予关内侯以下爵位。

鸿都门生的特长，大体分为“能为尺牍辞赋”和“工书鸟篆”两类。“尺牍辞赋”既可理解为“尺牍体辞赋”，也可分别作“尺牍”和“辞赋”。无论哪一种解释，

① 《中国大百科全书·教育卷》，中国大百科全书出版社 1985 年版，第 390 页。

都具有很强的应用性。鸿都门生中有以“尺牍辞赋”见长者，如乐松、江览等人，又称“鸿都文学”。灵帝特别关爱他们，甚至要在鸿都门学给他们画像立赞，以劝勉当世学者。“工书鸟篆”即擅长书法的意思。

鸿都门学的建立反映了东汉后期文艺之士的力量逐渐壮大。但是，鸿都门学有悖于正常的选举制度，有碍于朝廷政治的进步，很快激起一些朝臣的不满，甚至是强烈的反对。光禄大夫杨赐、议郎蔡邕、尚书令阳球等人，借着各种灾异的出现，针对鸿都门学带来的弊端，或提出严厉的批评，或提出合理的建议。由于得不到正统士大夫的认可与支持，鸿都门学不可避免地走向末路。从光和元年设置开始，到中平元年（184 年）董卓之乱，鸿都门学只存在几年时间。

鸿都门学不仅是中国最早的专科大学，也是世界上创立最早的文艺专科大学。它提倡对文学艺术进行研究，在“独尊儒术”的汉朝，改变了以儒家经学为唯一教育内容的旧观念，是对教育的一大贡献；它招收平民子弟入学，突破贵族、地主阶级对学校的垄断，使平民得到施展才能的机会，也有进步意义。鸿都门学的出现为后来特别是唐朝的科举和设立各种专科学校开辟了道路。[①]

八、国子监

国子监，又称“国子学”“国子寺”，是中国古代教育体系中的最高学府和教育管理机构。

西晋武帝咸宁四年（278 年），针对晋初太学生“既多猥杂”的现状，为了“殊其士庶，异其贵贱”，朝廷于太学之外另设国子学。北齐改国子学为“国子寺”，隋炀帝始改为“国子监”。唐宋时，国子监作为国家教育管理机构，总辖国子学、太学、四门学等。元朝设国子学、蒙古国子学、回回国子学等，又称“国子监”。

① 参见赵国华：《汉鸿都门学考辨》，《华中师范大学学报》2000 年第 3 期。

明朝行使双京制，在南京和北京分别设有国子监，设在南京的国子监称为“南监”或“南雍”，设在北京的国子监则称为“北监”或“北雍”。终明之世，南、北两监一直并立为全国最高学府。清初，朝廷修整明北京国子监为太学，裁南京国子监，改为江宁府学。光绪三十一年（1905 年），设学部，国子监遂废，共延续 1600 多年。（见图 2–4）

图 2–4　国子监图

国子监教官中居最高管理层的有祭酒、司业，中层管理和教学人员有临丞、博士、典簿、典籍，下层教辅和管理人员有助教、学正、学录，这些在国子监从事管理和教学的人员均有官衔品级，统称为“教官”。

国子监内设绳、博士、典簿、典籍等厅，以分理各项具体事务；设率性、修道、诚心、正义、崇志、广业六堂，以供生徒听课、自修及习所；设祭酒、司业各一人为正、副长官，其属有监丞、五经博士、六堂助教、学正、学录、典簿、典籍等学官掌教务。

国子监的生徒称“监生”“太学生”或“国子生”，其来源很多，共分两大类：一为贡生，一为监生。贡生有岁贡、恩贡、拔贡、优贡、副贡、例贡；监生有恩监、荫监、优监、例监。历代对生徒入学的资格、来源和名额都有不同的规定。

国子监以“五经”或“四书”为主要教材。唐朝生徒修“大经”(《礼记》《春秋左氏传》)、“中经”(《诗》《周礼》《仪礼》)和“小经”(《周易》《尚书》《春秋公羊传》《春秋穀梁传》),兼习时务策、《论语》和《孝经》。宋朝习“四书”“五经”。明太祖下令删除《孟子》一书中有关民贵君轻等思想的论述85条，规定所删条文“课试不以命题，科举不以取士”，又钦定170多条的《孟子节文》刻板颁行国子监等学校。清朝监生每日功课仍是“四书五经”、性理、习字。乾隆二年(1737年)曾下令“仿宋儒胡瑗经义斋、治事斋法，严课诸生”。

国子监是中国古代社会的教育管理机关和最高学府，具备两种功能：一是国家管理机关的功能，二是国家最高学府的功能。国子监的设立相对于“太学”而言，除了是国家传授经义的最高学府外，更多的是承担国家教育管理的职能，它在加强学校管理、培养文武官吏、造就各种高级专门人才、繁荣中国古代学术文化、纳育各国留学生、促进中外友好文化交流等方面都起到积极的作用。

九、苏湖教法

苏湖教法是北宋初年的教育家和思想家胡援在苏州和湖州教授经术时创立的分科教学方法。

胡瑗(993～1059年)，字翼之，泰州海陵(今江苏泰州)人。因为祖居陕西安定(今陕西安定)，所以世称“安定先生”。胡瑗是宋朝理学开创时期的重要人物，与孙复、石介一起被后人合称为“宋初三先生”，同时他也是一位教育家。宋仁宗景祐二年(1035年)，范仲淹上书朝廷，请求设立苏州府学。既准，胡瑗被范仲淹聘请为苏州府学教授。庆历二年(1042年)，湖州知事滕宗谅奏请朝廷设立湖州州学，他仰慕胡瑗的盛名，聘请他为湖州州学教授。之后，胡瑗升任光禄寺丞、国子监直讲，一直在太学执教，并升任大理寺丞、太子中允、天章阁侍讲等职，始终没有脱离太学的教学。

在苏州和湖州教学期间，胡瑗大胆改革教学，他所缔造的苏湖教法，在当时颇享盛名，影响很大。当时，学校教育受到科举考试的严重制约。科举考帖经、墨义，学校就要传授帖经、墨义；科举考诗赋、杂文、策论，学校就要教授诗赋、杂文、策论。一切为了科举取士，专一的经学教育、浮靡的教风和学风又使学校教育雪上加霜。胡瑗审时度势，创造性地提出分斋教学法，把经义教育一分为二，设立经义斋和治事斋：经义科学习“六经”，重理论，以探索“六经”的义理、研究学者如何把握做圣人和贤人的精神为主，取代过去繁琐的考证；治事科研究致用之学，重实行，着重心性的实际修养和践覆，使学者能做到学以致用，并强调先“治己而后治乎人”。分斋教学可以使学生集中精力学习自己喜欢的专业，最大限度地提高学生的学习兴趣。今天看来，这样划分十分正常，但在当时这是创举，胡瑗第一次把大一统的模糊的人才培养模式变得清晰。

此外，胡瑗还开设治民、军事、水利、数算等多个学科。一个学科就是一个庞大的知识系统，一个人掌握一门知识不难，但要掌握多门知识就有可能力不从心。胡瑗提出的分科教学避免学识的单薄，又使学生能够一专多能。专门人才的培养适应社会分工的需求，复合型人才又能够最大限度地适应社会。胡瑗的学生中间，有水利方面的专家刘彝，有军事方面的专家苗授。

胡瑗实施的分科教学法是对前世的承袭，而一专多能则是他的大胆创新。在中国教学制度发展史上，它第一次按照实际需要，在同一学校中分设经义斋和治事斋，实行分科教学；治民、治兵等实用学科正式纳入官学教学体系之中，取得与儒家经学同等的地位。分斋教学制度产生后，在社会上引起强烈的反响，震惊朝廷。庆历四年（1044 年），宋仁宗诏令全国州县官学派人到苏州湖州考察学习，总结出《学政规约》1 卷，令太学推广。胡瑗在苏州和湖州的教育方法被称为“苏湖教法”，又称“安定教法”，在全国产生广泛的影响。①

① 参见魏本亚：《胡瑗“苏湖教法”的社会价值》，《徐州教育学院学报》2003 年第 2 期。

十、八旗官学

八旗官学是清朝设立的专门教育八旗子弟的官学。

清朝立国之初就意识到对八旗子弟进行教育的重要性。朝廷最初采取的办法是奖励布匹，免二丁差徭，以鼓励贝勒八旗子弟赴科考，并命令满汉官员子弟入监读书。顺治元年（1644 年）五月，由祭酒李若琳奏言，满洲官员子弟从东北到北京入监读书，住的时间短，而路途遥远，不利于学生肆业，要在满洲寻找空房，设立书院。派国学二厅六堂教官，分教八旗子弟，满洲 16 人，蒙古 8 人，让他们在各旗的书院居住，朝夕教诲，由国子监祭酒经常到下面去检查，就这样建立起八旗官学。

八旗官学在教师配备、学生名额、学业年限以及考试制度方面都有较为严格的规定。八旗官学各设助教满洲 2 人，蒙古 1 人；教习满洲 1 人，蒙古 2 人，汉 4 人；额外教习汉 3 人，分别教授学生不同的科目。有教满文满语翻译的，有教蒙语的，有教汉文、算学的，还有教骑射的，出现了早期的分科教学。

八旗官学的学生有名额限制。每学设满洲 60 人，蒙古 20 人，汉军 20 人。下五旗，每学添包衣学生满洲 6 人，蒙古 2 人，汉军 2 人。凡满蒙汉文职五品、武职三品以上者，均可执取子弟入八旗官学肄业，一般人的子弟只可进义学，透露出其教育的等级性。

八旗官学的学习内容主要是满、蒙、汉文及经学。雍正十一年（1733 年）增设算学，到乾隆三年（1738 年）又停止官学生学习算学。还规定满 13 岁以上者学习步箭，16 岁以上者学习马箭。考试制度很严格，除定期定额参加科举外，在本学中，每年春、秋定期考试。整个学习年限为 10 年，学习期满分别选用。

八旗官学生按月领取钱、粮。满洲、蒙古学生，每月银 1.5 两，汉军学生每月银 1 两。这些钱是从八旗教养兵额数内，拨出满洲 30 名，蒙古、汉军各 10

名的钱、粮中得到的。在钱、粮的分配上还存在着等级的差别，八旗汉军记的子孙，入学后，每人月给银 2 两。而乾隆三十三年（1768 年），下五旗包衣每旗增设学生 10 名，却都不给钱、粮。

八旗官学的产生与发展适应清朝统治阶级的需要，它与科举制并存，培养出为统治阶级服务的各级官吏，都是为清朝统治阶级服务的不可缺少的重要环节。八旗官学与当时的汉族教育相比较，最大的不同是它强调满文满语的学习，注重练习翻译，即把满文翻译成汉文，将汉文翻译成满文。在漫长的发展过程中，八旗官学逐步走向与科举相辅相成的道路，在程度上追随科举，在内容上符合科举，以致满文满语翻译也逐渐淡漠，最终沦为科举制的附庸。

嘉庆、道光年间，随着清朝的腐败、八旗子弟的没落、官学经费的减少，八旗官学的培养目标和教学内容都已不符合社会发展，造成八旗官学废弛。光绪二十八年（1902 年）改为“八旗学堂”，八旗官学正式退出教育舞台。①

① 参见杨晓、曲铁华：《清代的八旗官学》，《民族教育研究》1989 年第 1 期。

第三章 书院

书院是北宋到清末出现的一种独特的教育机构，在古代政治、教育和文化发展中占有重要的地位。

书院之名起源于唐朝。唐末五代期间，战乱频繁，官学衰败，许多读书人避居山林。他们模仿佛教禅林讲经制度创立书院，形成中国古代特有的教育组织形式。当时有两种书院：一种是中央政府设立的藏书、校书之所，如丽正修书院、集贤殿书院等；还有一种是由民间设立的供人们读书治学的地方。

书院经历了一个曲折的兴衰过程。北宋“庆历新政”之后，书院盛极一时，出现一批全国知名的书院。到南宋，书院大多由名儒主持，成为理学书院。元朝时，书院更为兴盛，专讲程朱之学，供祀两宋理学家。明朝初年，书院由盛转衰，直到王阳明出现，才再度兴盛。随后因批评时政，书院被当权者所忌讳，明世宗、张居正都曾下令废除书院。清初继续抑制书院，后来又采取鼓励的态度，由此书院渐兴，但已经没有宋元时讲学自由的风气。光绪二十四年（1898 年）戊戌变法后，书院基本消失。

书院有着不同的类型。从创办目的上看，有注重科举考试的考课式书院，也有注重讲学的讲会式书院。从教学内容上看，有以讲求理学为主的书院，也有以博习经史词章为主的书院。从性质上看，有私人捐赠或支持的书院，也有官方提供财政支持的书院。从地域范围看，有家族书院、乡村书院，也有县、州、厅、府、道、省各级书院。

书院的经费来源呈现多样化特征。书院获得经费的渠道广泛，主要分为以下两种：一种是富人出资或创办人筹措。书院初建之时，费用多是富人捐赠、读书人自费或向世人募捐而来。这些赠送的田地和钱粮与政府划拨的学田和学款虽不可相提并论，但对于初建的书院却具有奠基意义。另一种是政府资助，这种投入加速了宋朝书院官学化的步伐。

书院具有多种社会文化功能。它在传授知识的同时，重视道德教育，注意用纲常伦理来规范士子的行为，培养出许多传承忠孝之道的人才。它打破上层

显贵垄断教育的特权，弥补官学的不足，为百姓提供受教育的机会。它是孕育新的学术思想、产生新学派的孵化器。宋明时期主要学派思想的形成、著作的完成、派别的产生，无一不是与书院的教学活动紧密相连。书院还具有藏书功能，或者说，藏书是古代书院的重要内容和特征。书院藏书是中国古代藏书中的一种重要类型，与官府藏书、私人藏书、寺院藏书一起，并称为“中国古代藏书事业的四大支柱”。一般书院都重视图书的收集、整理和修订工作，建设藏书楼、藏书阁或书库，既为书院教学和研究准备了充足的资料，又为当地士民、乡绅查阅和咨询提供方便。

书院是中国士人的文化组织，也是古代社会一种重要的教育组织形式，为中国的教育、学术、藏书、出版、建筑等文化事业的发展，对民俗风情的培植、思维习惯及伦常概念的养成等都做过重大贡献。

一、发展演变

唐朝时，书院已经比较广泛地存在。很多书院不仅有藏书，也进行教学活动，但大多只是作为个人或家族的读书治学场所，规模较小，也没有系统的规章制度。

北宋时，书院数量有了极大增加，逐渐形成完整的教育体系，出现四大著名书院：白鹿洞书院、岳麓书院、应天书院、嵩阳书院。南宋时，书院教育进入极盛时期，数量空前增加，规模不断扩大，活动内容更加充实与丰富。一些著名的理学家往往以一所或几所书院作为讲学场所，传播自己的思想学说。例如，朱熹曾在白鹿洞书院、岳麓书院和武夷精舍、沧州精舍等处讲学，张栻曾在岳麓书院讲学，吕祖谦创办和主讲丽泽书院，陆九渊曾主讲象山书院等。书院成为学术传播中心和学术流派发源地。

也正是在宋朝，书院出现官学化的倾向，即书院受制于政府，被纳入官学

体系。这种倾向的表现形式主要有两种：一种是私人将所建书院斋舍以及所购置的藏书、田产等设施，捐赠给政府，以谋得一定的官职，即所谓的“以学舍入官”。朝廷对书院或赐院额，或赐书，或赐田等，并任命书院学官。有的直接改为地方官学。另一种是州郡长官直接利用地方官府财力兴建，嗣后或由朝廷赐院额，或赐书，或赐田等，成为地方官学。官学化倾向扩大了书院的影响，刺激了书院的发展，但也导致书院为官方所控制。

元朝政府积极提倡创办书院，全国不少路、府、州、县都设立书院，书院的数量比宋朝有所增加。同时，元朝也加强对书院的控制，使自宋朝以来书院的官学化倾向更为明显。书院的直接管理者由政府任命，书院的招生和生徒的去向由政府主导，而书院学田的设置更是在为书院提供经费来源的同时，成为政府支配书院命脉的措施。

明朝建立之后的 130 多年间，大力发展官学，对书院持不提倡、不修复的态度，书院处于沉寂状态，数量较少。明中叶（1506 ～ 1566 年）以后，书院渐渐兴起并达到极盛，但也命运多舛，在嘉靖十六年（1537 年）、十七年（1538 年）及万历七年（1579 年）、天启五年（1625 年）四次遭到当权者的禁毁。虽然每次禁毁具体原因有所差异，但实质上都是为了加强政府对教育的控制。然而越是禁止，书院却越是兴盛。嘉靖朝曾两次禁毁，书院的数量反而在嘉靖年间最多；万历年间禁毁，而万历年间书院的数量仅次于嘉靖。

清朝前期积极创办官学，禁止私自设立书院。等到政权巩固、社会稳定和经济发展之后，又在教育上采取怀柔政策，笼络知识分子，通过赐匾额和书籍的形式褒扬书院，使书院得到很大的发展。同时，书院的官学化日趋严重。政府控制着书院的设立，掌握书院的经费；甚至教师的任命、生徒的考核等方面都有政府的身影。书院丧失了自由讲学研究学术的传统，沦为科举的附庸。光绪二十七年（1901 年）诏令各省书院改为“大学堂”，各府、厅、直隶州的书院改为“中学堂”，各州县的书院改为“小学堂”。至此，书院正式退出历史舞台。

书院在中国历史上存在近1000年，唐宋期间以私人创办、私人讲学为主，元明时官方加强控制，到清朝完全官学化，这是书院发展演变的总趋势。

二、组织管理

书院是中国古代所特有的教育组织形式和学术研究单位，其业务工作主要分为学术研究、教学、讲会、会讲、文会、藏书、刻书、祭祀等，在组织管理上不如官学庞大。宋元时期除财务由司计、直学等管理之外，院政皆由山长统摄。明朝以降，随着书院的发展，教学管理、学生管理等行政事务渐多，于是设立监院、领袖等职，以分山长之劳，并逐渐形成行政、财务、勤杂等比较完备的职事系统，主要有山长、斋长、监院以及书办、礼房、杂役等职位。

山长负责制。“山长”之名始于唐五代，书院沿用其名，与其大多数创建于山林秀美之处有关，既取其主掌院务、教务之实，亦兼退隐泉下、居山养老之意。宋元以来，书院普遍设立此职，清初亦沿袭不变。后来，乾隆皇帝认为该名称不雅，多山野之气，于是于乾隆三十一年（1766年）下诏，将山长改称为“院长”。山长是书院的学术带头人、主讲者和行政首长，由地方官礼聘，或由地方公众聘请。山长位高权重，主持教务，取舍诸生，是书院的核心，每月三次课试及逢一、三、六、八日讲课时到院。堂长为其副手，住院掌理日常院务。其他各职各有责守，分工明确，协助山长、堂长维持书院正常的教学、研究、祭祀、图书、经费等各项管理，甚至院中师生的身体状况亦有“医谕”作保障。

斋长参与制。学生自理自治并参与书院的管理乃至教学工作，是书院管理制度的一大特色。学生自治中最主要、设置最多的职事是斋长。斋长一般从住院生徒中选择品行端正、老成持重、学业优秀者担任。任期不限，根据工作好坏而定。其职责主要是稽察考勤、劝善规过、辨疑析难，同时还帮助管理财产、图书，协办考试事务、发放膏火奖资，甚至稽核夫役等员工。

监院督查制。书院由私学发展演变而成，并逐渐官学化，所以书院在管理方面还要受到政府的影响。监院是书院中仅次于山长的行政职事。监院主要由地方行政长官委派或以学官兼任，也有地方公推的。官命监院有的又称“监院官”“监院教官”，权力较大，名义上受山长约制，但事实上是官方在书院的代表，可以越过山长直接向主管衙门负责。一些著名书院的监院甚至还暗寓监视山长之意。公众推举的监院有任职资格的限制，任期多依工作好坏而定，往往还兼负聘请山长之责。山长虽为书院行政首长，但并不管理具体事务。监院在书院中实际上处于行政首长的地位，大凡院中“庶务”，包括行政、财务、学生管理、图书设备管理等皆统于监院。

书办的主要职责是承担书院的文书工作，礼房的职责主要是财务工作和经费文书管理，看司负有一定的管理学生和后勤管理职责，杂役负责一些具体事务，领袖、副领袖管理书院的财务。①

这些书院职事不是每个书院都要全部设立，也没有一个统一的设置章程，在设置上并不很规范。但是，从书院管理来看，学术带头人、主讲者、行政首长、学校行政和教学行政的实际负责人、勤杂事务人员等，各书院都尽可能设置。

三、建筑布局

书院不同于盘踞城中的官学，也不同于民间建筑。学院的选址十分注重环境质量以及自然景观对人文教化的影响作用，所以往往建在僻静幽美的名胜之地。在清静幽美的境地办学，让学子置身于美的环境中，得到美的陶冶，这是有意识地将自然美纳入书院之中，使之成为审美教育的组成部分。白鹿洞书院（见图 1–2）在江西庐山五老峰下，岳麓书院在湖南长沙岳麓山下，嵩阳书院（见图 3–1）② 在

① 参见朱文全：《乐山书院机构设置》，2009 年 3 月 6 日《乐山日报》。

② 参见宫嵩涛：《嵩阳书院》插页，湖南大学出版社 2014 年版。

图3-1 清·黄易《嵩阳书院》(局部)

河南嵩山脚下,石鼓书院在湖南衡阳石鼓山回雁峰下。书院既是一个独立的整体,也是地方文化景观的组成部分。

古代书院虽然地处东南西北,规模大小有别,类型丰富多样,但是其主要的组成部分与建筑布局也是有章可循的。

书院建筑以讲堂为中心,中轴对称,庭院天井组合,布局严整。中轴一般三四进,即由大门、讲堂、祭殿和书楼,依次排列,亦有增设二门、文昌阁等建筑,多达五六进,体现书院"三大事业"——讲学、藏书、供祀的主体地位。

讲堂是书院的主体建筑及教学中心,一般居中布置在书院的重要位置。古代书院采用"讲于堂,习于斋"的教育方法,而讲堂是教师作指点性讲授并针对学生的质疑问难进行答疑解惑的场所。

斋舍是学生自己读书与钻研的地方,对称分列于中轴两侧,或前或后,各成院落,以满足居学读书的需要。少则数间,多则数十间,甚至百间。其他仓廒、亭台楼阁,则因地有别,相应配置,不拘一格。

藏书楼是书院的主要教学和藏书部分,也往往是书院建筑群中少有的(甚至是唯一的)阁楼式建筑。如南宋建康(今江苏南京)的明道书院,所有建筑

中只有御书阁为楼房，其余都是平房。由于藏书是书院的一项重要事业，藏书楼阁又体形高耸醒目，所以在书院建筑布局中，多将其放置在中轴线上，起到“压轴”的作用，以显示出其重要地位和标志性功能。

祠宇是书院进行德育与祭祀的场所，其布置根据特殊情况有分开设置或集中后置两种情形。南宋建康明道书院属于祭祀祠宇分开设置的代表性实例。由于该书院是为了纪念程颢而创建的，所以在悬挂御书匾额的大门之后，专门设置供奉程颢塑像的祠堂，又在主敬堂后设置供奉孔子及先贤神位的燕居堂。其他书院一般都是采用集中后置的布局方法，如湖南辰州府崇政书院、湖南益阳龙州书院、河南河朔书院的祠宇布置等。

从各部分的关系来看，一般是沿着中轴线依次排列门房、讲堂、藏书楼阁和祠宇，斋舍及其他辅助用房分列于中轴线左右，整个建筑群重点突出、主次分明、空间序列流畅。

四、白鹿洞书院

白鹿洞书院（见图 3–2）[①]位于今江西九江庐山五老峰南麓，是宋朝时期著名的书院之一。

图 3–2　白鹿洞书院大门

白鹿洞书院始于唐。唐德宗贞元年间（785 ～ 805 年），洛阳人李渤和他的哥哥李涉在庐山隐居读书，他们把住的地方命名为“白鹿洞”。穆宗长庆（821 ～ 824 年）初年，李渤出任江州

① 参见龙斌：《中国古代书院建筑初探》，《重庆建筑大学学报》2000 年第 3 期。

刺史后，在他昔日读书的地方修建台榭，引流植花，白鹿洞之名流传开来。南唐时，这里建有庐山国学。北宋初年，正式称“白鹿洞书院”。太平兴国二年（977 年），宋太宗应江州刺史周述之请，赐国子监印本《九经》，白鹿洞书院名声大振，跻身“宋朝四大书院”之列。太平兴国五年（980 年）之后，书院逐渐衰落。仁宗皇祐五年（1053 年），礼部郎中孙琛在旧址重建学舍，称“白鹿洞之书堂”。次年，书堂毁坏，长期废弃。南宋宣宗淳熙六年（1179 年），朱熹出任南康知军，他重修书院，并亲任洞主，登台讲学。淳熙八年（1181 年），朝廷又赐国子监经书，白鹿洞书院重新扬名于世。

元朝顺帝至正十一年（1351 年），书院遭兵火被毁，荒芜 80 多年。明朝英宗正统三年（1438 年），书院才得到重建。孝宗弘治年间（1488 ～ 1505 年），书院的规模达到鼎盛，有房屋 360 余间，亭台 24 座，确切记载的学生 527 人。之后代代都有或大或小的修建。康熙二十六年（1687 年），康熙帝专门为白鹿洞书院朱子祠题写匾额“学达性天”（见图 3–3），并赐“十三经”“二十一史”等儒家经典，书院为此而专建御书阁用以藏书。乾隆也为白鹿洞书院题匾“洙泗心传”，并作《白鹿洞诗》《白鹿洞赋》各一篇予以称赞。光绪二十四年（1898 年），清朝改书院为学堂。光绪二十九年（1903 年），白鹿洞书院停办，洞、田归南康府（今江西星子）中学堂管理。

图 3–3　乾隆为白鹿洞书院所题匾额

白鹿洞书院建筑风格优美。白鹿洞书院禅林色彩浓重，又因依山傍水及其独特的建筑风格，堪称中国书院建筑的典范。白鹿洞以朱熹重建白鹿洞书院时的建筑为主要框架，以礼圣殿为中心，组成一个错落有致的庞大建筑群体。整个建筑群又由五个独具特色的建筑单元组成，包括礼圣殿、朱子祠、御书阁、明伦堂、崇德祠等，各个建筑之间以门相连，采取对称的方式将散落的建筑联

系成一个整体。

白鹿洞书院文化底蕴深厚。早在唐朝学者李渤就隐居于此读书。南宋时，理学集大成者朱熹的到来使得白鹿洞书院迎来鼎盛时期。此后至清朝的700年间，白鹿洞书院一直是宋明理学的中心学府，著名学者陆象山、解缙、胡俨、王守仁、湛若水、罗洪先、李梦阳、李贤、李龄等一批文人纷纷来院讲学、瞻仰。他们有的主持修葺，有的撰写文章，有的担任职事，有的训诲生徒，有的整顿规章，有的捐金助学，使书院的教学活动绵延不绝。

与白鹿洞书院一起名闻天下的是朱熹制定的《白鹿洞书院揭示》。《白鹿洞书院揭示》是中国书院发展史上的纲领性学规，它把《周易》《论语》《孟子》等儒家典籍的经典语句汇集起来，用学规的方式固定下来，明确教育的目的是明义理，阐明教学的过程是学、问、思、辨，提出修身、处事、接物的基本要求，形成相对完整的书院教育体系，为书院走上制度化打下基础。朱熹出任湖南安抚使时，将《白鹿洞书院揭示》颁于岳麓书院。淳祐六年（1246年），宋理宗把它颁布天下各州、府、县,《白鹿洞书院揭示》由此成为全国性的学校和书院教规，是中国教育史上最早的教育规章制度之一。①

白鹿洞书院走过1000多年的风雨历程，它的办学方针、办学模式、自由的学术风气以及人格品质的培养方法等对现代教育仍具现实意义。

五、应天书院

应天书院，又称“应天府书院”。因应天府的治所在睢阳（今河南商丘），所以应天书院又称“睢阳书院”，是中国古代著名的书院之一。

应天书院的前身为五代后晋时期杨悫创办的南都学舍。宋真宗大中祥符二

① 参见高峰:《白鹿洞书院的历史、现状及文化意义》,《江西教育学院学报》2009年第5期。

年（1009 年），府民曹诚就其地筑学舍 150 间，聚书 1500 余卷，广招学生。宋真宗正式赐额为“应天书院”。宋仁宗初年，著名文学家晏殊出任应天知府，聘请学者王洙、范仲淹等来书院执教，书院“名声著天下”。景祐元年（1034 年）书院改为府学，并获学田 10 顷，正式编入官学系列。景祐二年（1035 年），书院改为府学，应天府知府晏殊又聘请范仲淹执教，书院成为中州一大学府。庆历三年（1043 年），府学改为国子监，地位得到空前提升，是古代唯一一所升级为国子监的书院。

钦宗靖康元年（1126 年），金兵南侵，书院毁于战乱。南宋时，因朝廷偏安江南，就读于书院的文人、士子纷纷南迁，中国书院教育中心南移。在南宋理学大盛之时，书院显得有些沉寂。元朝时，应天书院在原址得以重建，改称“睢阳书院”，缓慢发展。明朝后期，睢阳没于黄河，原书院故址无存。城址北迁后，书院重建于城之东门内，改称“范文正公讲院”，以纪念范仲淹。清朝时屡有废兴，顺治十五年（1658 年），知县符应琦重修应天书院，规模较以前有所扩大。乾隆十三年（1748 年）知府陈锡格又重修。光绪三十一年（1905 年）改建为归德府中学堂，书院正式结束。

应天书院是古代书院官学化的标本。中国书院发展史某种程度上也是一部书院官学化进程的历史。这个进程体现在应天书院发展的几个关节点上。大中祥符二年（1009 年）改名赐匾，睢阳学舍之名不再。应天书院扬名宇内，标志着书院实际上的官学化。景祐二年（1035 年）改书院为府学，标志着书院名称上的官学化。庆历三年（1043 年），应天府学改为南京国子监，地位高于一般地方学校，与东京（汴梁）、西京（洛阳）的国子监相辉映，同为北宋三所最高学府，标志着书院在官方扶持下地位的鼎盛。由私学升为府学，再由府学升为国子监，书院在北宋完成了自己的辉煌历程。

应天书院是北宋名臣范仲淹求学和执教的场所。宋真宗大中祥符四年（1011 年），范仲淹入南京应天书院求学。大中样符八年（1015 年）登进士及第而踏

入仕途。在这段求学期间，范仲淹思索的改革主张正在逐步充实、丰富和发展，他以整顿官僚政治体制为中心的改革思想已初步形成，为之后庆历新政的改革方案打下基础。仁宗天圣五年（1027 年），范仲淹执掌应天书院，教书育人，继承和发扬睢阳学统，激励着萎靡不振的士气，引起士人知识结构的改变，为北宋培养了大批人才。宋太祖年间的科举考试中，7 次开榜，应天书院学子共有 56 人考中进士，名扬四海，有“七榜五十六”的美称。孙复、石介、张方平、戚纶等都是在书院学习过的知名弟子。孙复和石介成为宋初巨儒和宋朝理学的开创者，与胡瑗位列“宋初三先生”。[①]

应天书院在中国教育史上占有重要的历史地位。它所创造的广开财路、多方集资养学，面向社会、办学方式灵活，教育开放、促进学术发展，追求新知、热衷创新进取等宝贵经验，至今仍然对加快发展高等教育事业有重要的借鉴意义。

六、岳麓书院

岳麓书院（见图 3–4）[②] 位于今湖南长沙的岳麓山抱黄洞下，原称“岳麓山书院”，后来称“岳麓书院”，是宋朝的著名书院之一。

岳麓书院的前身是佛家和尚为儒家士人设置的读书场所。开宝九年（976 年），潭州（今湖南长沙）知州朱洞接受刘鳌的建议，接管智璇设立的办学设施，扩充规模，增置图书，创立书院。宋真宗咸平二年（999 年），潭州太守李允则重新扩建书院，标志着岳麓书院讲学、藏书、供祀三个组成部分的规模已经形成，奠定书院的基本格局。咸平四年（1001 年），朝廷从其请，赐诸经释文义疏，这

① 参见范艳敏：《应天府书院研究》，河南大学硕士学位论文，2013 年。
② 采自朱汉民主编：《岳麓书院》插页，湖南大学出版社 2004 年版。

图 3–4　岳麓书院大门

是岳麓书院第一次获得朝廷赐书。大中祥符五年（1012 年），周式任山长，成为书院历史上的首任山长，也是中国书院发展史出现最早的山长之一。真宗大中祥符八年（1015 年），宋真宗接见周式，亲书“岳麓书院”赐额以褒奖，书院之名始闻天下。南宋时，著名理学家张栻在此主持教事，理学大师朱熹两次在此讲学，书院达到鼎盛时期，有“潇湘洙泗”之誉，与孔子在家乡讲学的地方并称。

元世祖至正二十三年（1286 年），潭州学正刘必大对岳麓书院进行了规模宏大的重建。明朝前期，书院沉寂近百年时间，直到明武宗正德二年（1507 年）吴世忠重建，又进入兴盛时期。清康熙二十六年（1687 年）春，康熙赐御书“学达性天”匾额,并“十三经”“二十一史”、经书讲义遣送到书院。乾隆九年（1744 年）又御书“道南正脉”匾额送至岳麓山,书院又得以复兴。光绪二十九年（1903 年），在新政之议的呼声中，延续近 1000 年的书院改为“湖南高等学堂”。

谚云：“道林三百众，书院一千徒。”1000 多年来，岳麓书院云集了大量的高水平教师。宋朝学术界有影响的理学家朱熹、张栻、真德秀、魏了翁等，明朝王阳明、吴道行，清朝王夫之、王文清、王先谦、叶德辉、吴荣等，纷纷讲学于此。他们倡扬儒家思想，潜心著述，授徒讲学。从学堂里走出来的学生更令人叹为观止，杰出的思想家王夫之、魏源，叱咤历史的风云人物曾国藩、左宗棠、郭嵩焘、胡林翼、曾国荃、刘长佑等，纷纷从岳麓书院走向社会，为中国历史写下可歌可泣的壮丽篇章。正如余秋雨所言：“岳麓书院的正门口骄傲地挂着一副对联：‘惟楚有材，于斯为盛。’把它描绘成天下英才最辉煌的荟萃之地，

口气甚大，但低头一想，也不能不服气。你看整整一个清代，那些需要费脑子的事情，不就被这个山间庭院吞吐得差不多了？”[①]

岳麓书院是湖湘学派兴盛的重要基地。岳麓书院既是教育中心、学术中心，又是湖湘学派的摇篮和活动基地，是千年湖湘文化发展的缩影。南宋时，主教书院的是湖湘学派的代表张栻，继他之后学派重要传人吴猎等在此传授湖湘学，形成南宋时期湖湘学派的人才群体。南宋之后，书院始终是湖南学术的中心，也是全国的重要的学术基地。明朝的王学，清朝的汉学，乃至近代的新学，岳麓书院都是重要的活动基地。几乎每次书院之盛，都伴随着学术之兴。[②]

岳麓书院有着悠久的办学历史，取得荣耀的教育成就，是中国书院史和教育史上的骄傲。今天，岳麓书院是湖南大学的下属机构，薪火相传，继续发挥着教书育人的作用。

七、嵩阳书院

嵩阳书院（见图 3–5）[③] 位于今河南登封嵩山南麓，因地处嵩山之阳而得名，是北宋时期的著名书院之一。

嵩阳书院的前身是创建于北魏孝文帝年间的嵩阳寺，唐朝时改称“嵩阳观”，先后是佛、道教的活动场所和行宫。后唐潞王清泰年间（934 ～ 936 年），进士庞式和南唐学者舒元、道士杨纳等人在嵩阳观聚徒授课，为书院打下基础。后周世宗显德二年（955 年），嵩阳观改称“太乙书院”。北宋初年，书院得到长足发展。至道二年（996 年），宋太宗御赐印本《九经注疏》作为教材。至道三年（997 年）五月，太宗御赐“太室书院”匾额。景祐二年（1035 年），仁宗

① 余秋雨：《山居笔记》，文汇出版社 1998 年版，第 132 ～ 133 页。
② 参见陈谷嘉：《千年学府——岳麓书院》，《湖南大学学报》1991 年第 6 期。
③ 采自宫嵩涛：《嵩阳书院》插页。

图 3–5 嵩阳书院大门

下令重修书院，并赐名“嵩阳书院”，还赐田一顷作为学田，作为书院的活动经费，书院名闻天下，成为北宋影响最大的书院之一。

宋室南迁后，书院衰废无闻。金、元至明朝中期，书院讲学活动处于低潮，还一度改名为“承天宫”，空余北宋盛名。嘉靖年间（1522 ～ 1566 年），登封知县侯泰在旧址进行重建，恢复嵩阳书院名称，又招聘师生，建造二程祠，书院教学活动方有起色。清康熙十三年（1674 年），知县叶封在书院故基的东南处重修书院，筑堂三楹，新筑墙垣（约合 165 米），并将幸存的两株大柏树围入院中，为书院布局奠定基础。乾隆后期，书院日趋衰落。清朝末年，科举制废除，书院改为高等小学堂。

嵩阳书院是宋朝理学传播的重镇。书院在历史上曾是佛教、道教场所，但它之所以为世人所熟知，除北宋朝廷的赐书、赐田和赐匾外，还因为它是理学的发源地。北宋著名的理学大师程颢、程颐在此讲学 10 多年，纳儒、释、道思想精华，开创理学发展的新阶段，而学生慕名而来受学，都能有所收获。福建人杨时求学于此，回到江南后传给罗从彦，罗从彦传给李侗，李侗传给朱熹。朱熹以二程学说为本，兼取诸家之长，集理学大成于一身。二程理学中的心学因素由谢良佐继承下来，经过王频、张九成，由陆九渊集大成，从而形成心学派。二程在嵩阳书院其间的教学活动培养了大批中坚人才，为理学的南传和发展奠定坚实基础。

嵩阳书院是中原建筑文化的代表。嵩阳面对清澈见底、流水潺潺的双溪河，背靠嵩山的主峰峻极峰，西依气势磅礴、活泼俊俏的少室山，东临汉武帝刘彻当年曾登临饱览胜景的万岁峰。院内还有汉武帝游嵩岳时加封的"将军柏"，门外有唐天宝三年（744 年）刻立的巨碑挺耸。山峦环拱，溪水长流，松柏参天，环境古幽。整个建筑布局都是沿着中轴线进行布局的，有五进院落，依次为大门、先圣殿、讲堂、道统祠和藏书楼，中轴两侧都建有配房，书院内共有古建筑 106 间，大多为硬山灰筒瓦房，典雅美观，具有很浓郁的中原地方建筑文化特色。

从五代后唐至清末，嵩阳书院经历近 1000 年的风风雨雨，是理学传播的发源地和重镇，是中原建筑文化的代表，总结积累了丰富的教学经验，培育了一代又一代的弟子，在中国教育史上占有独特的地位。

八、东林书院

东林书院（见图 3–6）[①] 位于今江苏无锡城东南，是明万历三十二年（1604 年）顾宪成等倡修的一所书院，也是明朝众多书院中声誉和影响最大的一所。东林书院旧址原先是北宋理学家杨时（1053 ～ 1135 年）的讲学之所。因杨时称"龟山先生"，所以东林书院又称"龟山书院"。

东林书院源于北宋，兴盛于明朝后期。杨时晚年优游林泉，以著书讲学为事，因为非常喜爱庐山"东林"景色，所以把他讲学的地方取名为"东林书院"。万历三十二年，顾宪成一面著书，一面讲学，苦于没有一个满意的讲学场所。在常州知府欧阳东凤和无锡知县林宰的支持下，他与高攀龙等人筹划修复东林书院。修复工作在第二年夏季开始，入秋即告竣工。在顾宪成等人的努力下，东

① 采自邓洪波、彭爱学主编：《中国书院揽胜》插页，湖南大学出版社 2000 年版。

图 3–6　无锡东林书院大门（吴立东摄）

林书院引起全国学者响应，一时声名大著，享有“天下言正学者首东林”的美誉。天启五年（1625 年），书院被禁毁。崇祯二年（1629 年），在吴桂森等人努力主持下，东林书院得到恢复，此后经康熙、雍正、乾隆三朝多次修复后，其讲学、祭祀、藏书建筑及生活用房等基本恢复到明朝万历年间形制规模和原来院貌。清光绪二十八年（1902 年），书院改为学堂。

在明朝书院中，东林书院千古流芳，这与它的讲会制度有极大的关系。东林书院的讲会在南宋书院讲会发展的基础上已经制度化：每年一大会，每月一小会，每次会期 3 天，推选 1 人做主持。讲会的日子必须举行隆重的仪式，讲学的内容主要是“四书”，反对空发议论，脱离实际。与会者都虚心地听讲，讲授结束，相互讨论，会间还会相互和诗。讲会组织对诸如通知、稽察、茶点、午餐等也作了具体的规定。终明之世，真正主盟东林者主要是顾宪成、高攀龙和吴桂森三人。吴桂森以后，东林遂无主盟。明清之际，高攀龙之侄高世泰再开讲会于东林，四方学者相率赴会，前后 30 年。但此时的讲会以“勿谈时事”相标榜，与万历年间关心家国天下事的旨趣大不相同。

东林书院既是教育机构，又是倾动朝野的政治讲台。这个特点集中反映在顾宪成题写的一副对联上：“风声雨声读书声声声入耳，家事国事天下事事事关心。”上联将读书声和风雨声融为一体，既有诗意，又有深意；下联则寓有“齐家、治国、平天下”的雄心壮志。这首对联被广为传诵，成为许多学人、志士

的共同心声和座右铭。东林书院在讲学之余，抨击政治，评判权贵，与在朝的官员遥相呼应，用正义的力量给朝廷施加压力，产生极大的社会影响，引得许多有识之士慕名前来，同时也遭到以魏忠贤为首的宦官的迫害，书院也因此被禁毁。

东林书院既是当时一个重要的文化学术中心，也是一个重要的政治活动中心，不仅是在明朝，就是在中国书院史上都具有特殊的地位。东林学者关心国事、振兴吏治的学风和抗击权奸、改革积弊的斗争精神，更是深入人心，激励着一代又一代士人奋发图强，捐躯赴难。

九、诂经精舍

诂经精舍位于今浙江杭州的孤山之阳，是清朝嘉庆年间浙江巡抚阮元创立的一所著名书院。

阮元（1764～1849年），字伯元，号芸台，江苏仪征人，赐谥“文达”，是乾隆、嘉庆、道光三朝的达官、著名学者，也是书院教育的积极提倡者和践行者（见图3–7）。

图3–7　阮元像

嘉庆二年（1797年），阮元督学浙江，于杭州孤山南麓构筑50间房舍，组织文人学子纂修《经籍籑诂》。三年后，将原来修书旧地建为书院，取名“诂经精舍”。阮元作为创始者，在任职浙江期间亲自参与精舍的教学和学术活动，精舍一时名声大噪。不少知名的学者、文人纷纷前来精舍辩学，先后由阮元、孙星衍、王昶、俞樾等一代鸿儒主讲。

精舍对于学生人选有着严格的标准，进入精舍的肄业之士，多为浙江各地的优秀人才，对经学、史学、小学、文学已有良好的素养。学识博洽的讲学者

与成绩优异的肄业者大大提高了精舍的教育和学术水平，而精舍高质量的教育水平和浓厚的学术空气反过来又培养了大批著名学者，如黄以周、朱一新、章炳麟、陈澧等，都是诂经精舍出来的佼佼者。

阮元于嘉庆十四年（1809 年）离开浙江后，诂经精舍由此辍讲近 20 年。道光初年，精舍得到修复，但咸丰年间又毁于太平天国战火。同治五年（1866 年），布政使蒋益澧捐资重建精舍，经学名家俞樾主精舍讲席，并掌教 30 多年。此时精舍，其肄业生徒，有从浙江其他三所书院（敷文、崇文、紫阳）选送者。光绪二十三年（1897 年），精舍在改并之列，虽有俞樾勉力支撑，但经费已大受影响。一年后，俞樾辞聘而去。此后，黄体芳、谭献、汪鸣变等先后为掌教。光绪三十年（1904 年），精舍正式停办。

精舍的教学内容独树一帜。清朝书院数量众多，远盛于宋、元、明各朝，但大多数书院热衷科举，以习八股时艺为主；又多承明朝遗绪，以理学为尊；讲求心性之学，以培养真才实学之士为宗旨的书院可谓凤毛麟角。精舍的教学内容虽然以经史为主，但小学、天部、地理、算法都是教学和研究的内容。这些在传统学术中属于“边缘”领域的内容，在精舍中受到极大的重视，开书院注重汉学之风气，代表当时一种笃实的学风。

精舍的考核方式别开生面。教师常会就某一题目先作一篇范文（程作），学生研读后，可就同一题目撰文作补充，或换一个角度阐发不同见解。学生的观点可以与老师不同，只要说理清楚，言之有据，一样可以被评为佳作选入文集中。这种教学方式一方面可以引导学生在某些领域（如天算、地理等科技领域）进行研究，另一方面可以培养学生学术上的独立精神和思维习惯，对在科学研究中取得创新性成果至关重要。

精舍的研究性质得到凸显。精舍不仅是一所教育机构，也是学术研究的重要基地。对于学业突出、考课优秀的学生，不仅给予奖励，还将其诗文佳作结集出版。嘉庆六年（1801 年），阮元亲自主持选刻《诂经精舍文集》。

此后，选刻学生佳作便成为一项固定的制度。精舍的文集是其教学、研究水平与导向的重要体现。文章所涉内容甚广，出入经史子集，具有较高的学术价值。①

诂经精舍从开办到结束跨越100多年，历经嘉庆、道光、咸丰、同治、光绪五朝，是当时最有影响的书院之一，对19世纪浙江乃至全国的教育、文化和学术事业的发展产生了深远影响。它推崇汉学、求实求真、经世致用的精神，在很大程度上鼓动了一代学风，孕育了一代又一代汉学家。

十、学海堂

学海堂（见图3–8）② 位于今广东广州城北的粤秀山，是阮元继创建杭州诂经精舍之后又创立的一所著名书院。嘉庆二十二年（1817年），阮元出任两广总督。当时广州已有羊城书院等，但阮元感到已有书院不能满足培养人才和学术发展的需要，于是在道光四年（1824年）创立学海堂。学海堂自创办后，业务日臻完善。道光六年（1826年），阮元在调任云贵总督前，亲自制定《学海堂章程》，为其发展提供规章制度，后经逐步完善发展，形成一套严密而行之有效的规制。在第二次鸦片战争期间（1856～1860年），英法联军侵入广州，学海堂遭炮火焚毁，文澜阁损坏较大，被迫停办一个时期。战争结束后，学海堂继续开办，并扩大招生。同治六年（1867年），广东巡抚蒋益澄倡办菊坡精舍，聘请陈澄为院长，用以代替学海堂，但教学内容、方法多仿效学海堂，可视为学海堂的延续。光绪二十九年（1903年），菊坡精舍停办。

学海堂在管理上实行学长制。学海堂虽然创立于道光年间，但有别于清朝

① 参见张立：《杭州诂经精舍的科学教育》，《浙江大学学报》2005年第5期。
② 采自黄泳添、陈明：《广州越秀古书院》，广东人民出版社2006年版，第49页。

图 3-8 清·黄培芳《学海堂全貌图》

旧式书院，可以说是一所新式的书院。它的一个创举是设立学长，书院内的管理和教学等大小事宜均由学长共同商议决定。第一批学长 8 人，由阮元亲自指定，他们都是当时的著名学者，学识渊博，著述宏富，各有所长。学长的选补非常严格，不仅要求学问好，尤其看重品行。在如此严格的选择之下，后来补入的学长也大都是学行并佳，其中包括张维屏、谭莹、侯康、黄培芳、陈澄、邹伯奇、林国赞等著名学者。

学海堂在考核上实行季课制，也就是按季节考试。学海堂的教学活动以考课为主，每年分为四课，每课由两位学长承办，又称“管课学长”。8 位学长轮流管课，周而复始。考课的题目由 8 位学长共同商量决定，张榜于学海堂门外，各学长也各携若干张，以便散发。考题的内容或是史笔题，或序跋古书，或考覆掌故，以经史为主。文赋方面或拟古赋，或出新题，但都用汉魏六朝唐人诸体，不作试帖诗。学生们根据所出题，查阅经书，登堂向学长请教疑难，然后写出课卷；课卷由 8 位学长共同评定，分别优劣，对优秀的予以奖励，并将课卷选入《学海堂集》。

学海堂还注重刻书。书院刻书，自南宋即已有之。元明清时的书院也多有刻书者，但都是偶尔为之，数量不多。书院大规模刻书并有较大影响者，始于

学海堂。阮元在山东、浙江、江西等地即热衷于编刻书籍，至广东后依然如此，先后组织编刻。其后继任的广东宫员与学海堂学长很好地继承了他的这一传统，继续编刻书籍。学海堂刻书以《学海堂集》为肇始，以《皇清经解》为大宗，先后编刻书籍约 30 种，数量之多，在清朝各书院中居于前列。

学海堂每年还举办各种聚会。师生们在聚会上，促膝交谈，交流学习心得。每年正月二十是阮元的生日，书院举行团拜。每年七月初五是汉朝经学家郑玄的生日，书院举行祭礼仪式。其他如中秋月圆、重阳菊开、冬梅报春之时，也都有书院的雅集。这种生动活泼的教育方式，与当时以理学传授为主的书院形成鲜明的对比。[①]

学海堂在中国书院史上具有里程碑式的意义。学海堂的管理体制、教学内容、考核方式等特点，成为其他书院效法的对象。武汉的两湖书院、经心书院，成都的尊经书院，太原的令德书院，广州的广雅书院等，无不受到学海堂的影响。从它创建之日起，到清光绪二十三年（1897 年）最后一次招生，历经道光、咸丰、同治、光绪四朝 70 多年，是中国最早实行导师制的学府，培养出众多的著名学生和经世人才。著名学者陈澧、桂文灿等，都是学海堂的毕业生，著名学人梁启超也曾就读于学海堂。学海堂编辑和刊刻大量的学术著作，促进了文化的交流和传播，使前期落后于江浙的广东学术有了迅速发展，是当时华南最重要的学术中心，在教育、印刷、建筑等领域也有重要地位。

① 参见陈泽泓：《学海堂考略》，《广东史志》2000 年第 1 期。

第四章 私学

私学，由私人发起举办，因与官学相对而得名。在中国教育史上，私学以其灵活的教育方式和优良的教育传统闻名于世，占有十分重要的位置。

私学发端于春秋中叶，到春秋末期初步繁荣。春秋时期，官学衰废和文化下移，涌现出许多私学教育家，如郑国的邓析、鲁国的少正卯和孔子等，私学影响力日益壮大。战国时期，私人讲学之风大盛。儒家的孟子“从者数百人”；荀子先后在齐、秦、楚国著书讲学，培养出李斯、韩非这样一流的政治家和理论家；子夏在西河讲学，据说弟子有 300 多人，李悝、吴起、魏文侯等就是其中的佼佼者。墨家有严格的组织纪律，要求学生具有刻苦、耐劳、服从和舍己为人的精神，重视生产劳动和科技知识教育。在这个时期，私学几乎取代官学，适应了社会对人才的需求。

秦朝“以法为教，以吏为师”，禁绝私学。汉朝时，私学得到恢复，形成书馆和经馆两种类型。书馆以启蒙教育为主，先教认字，然后可以读《孝经》和《论语》。完成书馆学业的学生，大部分人中断学业，少部分人则进入地方官学或者直接进入太学，还有一部分进入更高一级的私学——经馆。经馆以传授经学为主，一般由当时精通儒学的名家创立，其讲学已初具学术讨论与研究性质。由于汉朝实行官私并举的教育政策，私学发展速度较快，办学的规模与官学不相上下。

魏晋南北朝时期，官学兴废无常，私学得到进一步发展，并成为教育的台柱。私学多为名师大儒开办，不仅教学质量与规模超过官学，而且分布面更广，类型多样化。私学的教学内容开始突破儒学占统治地位的官学教育传统，讲授玄学、佛学、道教、科技常识等。私学还重视启蒙读物和传统教材的编辑，规范教学内容，《千字文》《颜氏家训》等私学教材相继在这个时期问世。

隋唐时期，官学发达，教育制度比较完备，但私学仍继续发展，并与官学相互补充，构成完备的教育办学体系。隋朝大儒王通、曹宪，唐朝颜师古、孔颖达、尹知章、韩愈等都曾在私学中教授学生。许多名儒也曾隐居山水胜地，开学馆，设书院。

宋朝时，私学教育得到充分发展。虽然经过三次兴学，北宋地方官学有很大发

展，但官学能容纳的学生人数有限，远远不能满足受教育者的需要，因此私学兴办更为普遍。南宋官学有名无实，许多学者致力于兴办私学：一方面，书院制度得以产生和发展，并逐渐成为私学的重要组成部分；另一方面，蒙学教育形成相对稳定的教学内容，《三字经》《百家姓》《千家诗》等启蒙教材大都为宋人编撰或改订。

辽、金、元各朝的私学也很活跃。当时战乱频繁，官学远远不能满足需要，而且统治阶层更迭，各民族都迫切需要加速培养本民族的治国人才，私学最终得以兴盛，其形式有私塾、家塾、经馆、家学等。

明清时期，私学在规模上空前宏大。在科举垄断仕途的人才选拔制度影响下，官学成为科举附庸，导致“士风日陋”。士大夫从开始不满官学到远离官学，继而纷纷创办私学，复兴书院，以施展自己的教育抱负。到清末时，书院数目超过以往任何朝代，估计有接近 2000 所。但是，在办学方式上逐渐由官助转向官办，又走向官学化的老路，沦落为科举的附庸。

私学的发展走过一条不断充实、不断完善的过程。从没有固定场所到有一定的场所，再到有专门的固定场所；从教育的无阶段性到教育的分阶段性，再到教育的专门阶段性；从教育内容的独立化到教育内容的专一化，再到教育内容的普遍化。从私学的特性看，越来越向现代意义的学校制度靠近。

一、类型演变

私学作为一种教育组织形式，自春秋战国时期诞生之后，随着社会经济的发展和朝代的更迭，也在不断地发展着。不同的时代有不同的私学类型。私学类型的发展，经历一条漫长的道路，其形式、内容、特点等方面都有着一个演变的历史过程。

春秋战国时期的私学主要是私人讲学活动，一个私学大师就是一个私学学派，其传业授徒的目的是在“百家争鸣”中占有一席之地，冀望自己学派的政治思想能为统治者所用。这一时期的私学不很正规，没有固定的教育场所，没

有专门的教育设施，也没有成体系的教育管理制度，教材也不统一。每一家私学讲授的是以自己学派为特色的千姿百态的教育内容，这些教育内容又形成各私学学派的独特风格。私学在教学课程上没有固定的安排，随意性很大，在游历的旅程中，在吃饭的过程中，甚至在娱乐的时候，都随时教授。因此，春秋战国时期的私学主要体现在学派上，无派不成学，无学不成派。

到汉朝时，私学经历秦代的厄运之后，开始恢复并有进一步的发展，出现两种类型：一种是教育程度较低、主要面向童蒙的书馆；另一种是程度较高且主要面向青少年成人的“精舍”“精庐”“经馆”等，名称不一。第二种类型的私学由经师自行开设，收徒讲学，在汉武帝“独尊儒术”后发展很快，一些著名经学大师的弟子动辄成百上千甚至上万。

从唐朝时开始出现书院，标志着私学发展到一个新的阶段，这也是中国古代私学发展的最完善和最高级的阶段。由于唐朝统治者开始关注交通、经济、文化不发达的穷乡僻壤地区的教育，这时还出现政府给予政策支持、地方自办的教育形式——乡学。唐朝的这一做法被以后的统治者所效法，广为实行。宋朝出现的冬学（农村闲暇季节开办的临时性学校），元、明、清三代出现的社学，都可视为特殊意义的私学，它们都是国家给予政策支持，由乡民士绅自办的学校。明清时期还普遍出现了被称为“义学”“义塾”“私塾”的私学形式，主要由地方政府提倡，在乡间设立。

此外，在中国古代私学类型演变中，还存在着家学或某门特定的专业技术私学。古代的科学技术如天文学、地理学、数学、医学等，官方提倡的不多，大都在民间传授，构成古代私学中一个具有鲜明特色的类型——科技私学。私学产生的每一个朝代，几乎都有科技私学。[①]

---

① 参见王炳照主编：《中国古代私学与近代私立学校研究》，山东教育出版社 1997 年版，第 110 页。

二、私学特点

从私学的历史来看，它的发展和具体的教学内容不可避免地受制于政府的文教政策，但它具有一定的独立性，呈现出与官学不同的特点。

私学的办学形式灵活多样。春秋战国时期，诸子百家私学的开办不受时间、地点、人员、经费等的限制。孔子周游列国，随时收徒，随地授业。唐朝时，私学的校址和师资的选择、规模的大小、种类的多少等方面，都显示出较强的便利性。如私学仿照科举考试采用帖经、诗赋等方法，就使人对它刮目相看。明朝时，高级私学有结庐授徒讲学和官余教学等形式。

私学的招收对象有教无类。官学对学生的入学资格有明文规定，与此相比，私学的招收对象冲破民族、地域和阶层的界限，平民布衣受教育的机会显著增加。如孔门弟子三千，不分老少（颜路比孔子小 6 岁，公孙龙比孔子小 47 岁），不分智愚（高柴愚直，曾参迟钝），不分勤惰（颜回好学，宰予大白天睡觉），充分体现“有教无类”的思想。（见图 4–1）魏晋南北朝时，寒门子弟的入学率呈

图 4–1　明 · 吴彬《孔子杏坛讲学图》

上升趋势,学生可以根据自身情况选择教师。元朝庙学的招生对象包括平民百姓,社学只在农闲时开办,其对象是农民及农家子弟。

私学的教育经费公私兼具。私学的教育经费基本为自筹,但也不排斥官方资助。早期开办私学的代表人物孔子,其招收学生的条件很简单,只要“自行束脩以上,吾未尝无诲焉”。魏晋南北朝时,儒家私学有的要求学生兑资入学,有的酌收束脩,还有的接受帝王的“资给”或“馈赠”。元朝庙学大多是民间捐资或集资兴建、维持。历代书院经费来源有的是政府拨给的,有的是私人筹措和捐献的,有的则是通过“学田”自给自足。

私学的师资力量多种多样。官学对教师的任职资格有不同的限制,私学则没有。早期私学师资来源于平民学者,后世私学的教师,有的曾入仕做官或短期为官,但教师的资格不以入仕与否为先决条件。唐宋以后,随着科举制的强化和读书人的增加,许多科举落第者选择教书谋生,这成为私学特别是蒙学教育师资的主要来源。

私学的教学方法异彩纷呈。蒙学教学注重教师的主导作用,教学手段以讲授法为主要手段;高级私学因其教育对象多是具备自学能力的成年人,其教学方式更加丰富。除了自学辅导式等传统教学法之外,新的教学方法层出不穷。如,汉朝的次相授业法(又称“高足弟子代授法”),魏晋南北朝佛家私学的“格义”“忏法”“高足弟子复讲、代讲法”,唐朝的竞习歌咏、直观教学法,宋朝事功学派及清朝颜李学派的“习行法”等。

私学的教学管理人情味浓。私学管理具有人情味浓、民主性强的特点,师生关系较为融洽。《论语》中的孔子对弟子坦率真诚,弟子对他敬爱尊重。纵观历代私学,名师大多热心教席,慕名来学的生徒能虚心请教。中华民族尊师爱生的优良传统在私学中得到很好的展现。①

---

① 参见孙长缨:《中国历史上私学若干特点探析》,《河南大学学报》1997 年第 3 期。

三、私　塾

私塾（见图 4–2）是中国古代私人开办的教育机构，是基础教育的重要形式和私学的重要组成部分。[①]

图 4–2　清代私塾场景

私塾的发展可以追溯到汉朝。西汉的书馆一般分为两个学习阶段：第一阶段主要进行识字教育，使用的教材有《仓颉篇》《凡将篇》和《急就篇》等。学生除了学习汉字外，还经常进行书法练习和少量的数学训练。第二阶段除继续识字和书法之外，重心转移到学生的伦理道德教育上，使用《孝经》《论语》等书籍，使学生初步接受儒家学说的熏陶。书馆这一初等教育机构及其教育内容等，开创后世私塾的教育模式，诸如识字教育、书法教育、儒家学说的传授、基础数学知识的学习、个别教学等，为以后私塾教学所继承并发扬光大。

在漫长的古代社会中，私塾延绵不衰。隋唐时期，官学虽然发达，但仅止步于县学，民众的教育依然依靠私学。当时的私学又分为乡学、村学、私塾、家塾、家学等。私塾是由塾师自己办学，自己招生。与后世的私塾相比，其范围比较狭窄，仅指塾师自己设学。宋朝以“塾”命名的教育机构大量出现，尤其是义塾。当时的县学囿于校舍、师资等的限制，无力为基层民众提供基础教育，他们的

① 参见张光奇编著：《中国古代教育》，第 58 页。

教育一般由“塾”来承担。明清时期，私塾发展到鼎盛，其办学方式、教学内容和管理方法已经定型。由于官办小学时立时废，教学质量与民间私塾教育相比也要逊色，因此官方不反对私人兴建学校。这时的私塾已经形成完善的体制，教学质量较有保证，办学范围普及到农村和贫穷地区。

私塾的类型多种多样。古人称私塾为“学塾”“教馆”等。按照施教程度的不同，私塾可以分成蒙馆和经馆两类。蒙馆以儿童为教育对象，教授的内容浅显，以识字为主；经馆以教授成年人为主，内容多与科举有关。清朝末年，根据私塾设置情况的不同，学部把私塾细化，分为义塾、族塾、家塾和自设馆。义塾是明清时期由私人创办的免费学馆，经费主要由当地商人、地主或者地方官员出资以及民众捐款。族塾是由多家或一族或一村创办，推举有资质的地方能人为学董管理，经费由村中公共财政支出以及学生支付，地点一般为祠堂。家塾是在家教学，多数是富人家庭的孩子聘请老师到家教学。[①]（见图 4–3）自设馆是塾师在自己家中或借别人的房屋、祠堂、庙等地方设置学堂，自主招生，并向学生收取一定的费用。

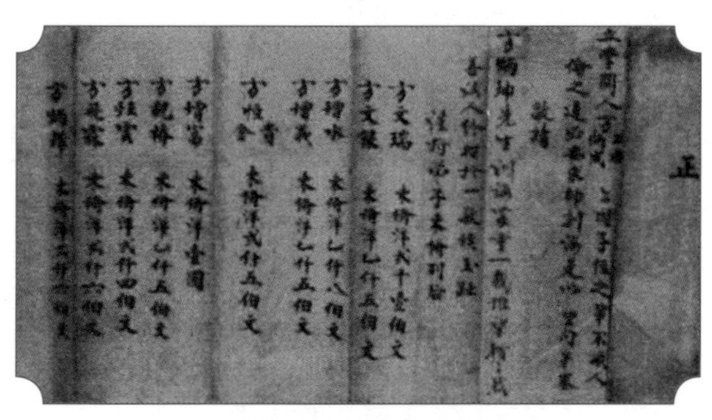

图 4–3　聘请塾师的聘约

私塾的教学内容非常丰富。私塾属于启蒙教育范畴，教学内容涵盖识字教育、知识教育、道德教育三个方面。使用的教材，道德教育方面的有《小学》《圣谕广训》等，识字方面的有《三字经》《百家姓》《千字文》等，知识教育方面

① 参见刘晓编著：《蕴藏在文物中的教育》，第 26 页。

的有《高厚蒙求》《名物蒙求》《史学提要》等。此外还有启迪智慧、陶冶情操方面的书籍。

私塾的教学方式以背诵为主。私塾对学生背书的要求特别高，可以说，读书是私塾学生的主要学习活动和方式。教师在讲课的时候，大多正襟危坐，学生依次把书放在教师的讲桌上，然后站在一旁，恭听教诲。学生随后回到自己座位上去朗读。

清末民初之后，随着西方学校制度的引入，私塾逐渐被教育界视为非正规教育，甚至被认为是封建教育的代表，是落后的东西，应该被取缔或改良。然而在中国古代2000多年的历史进程中，私塾由于费用低、课程灵活等特点，成为普通民众接受启蒙教育的重要形式之一，对于传播传统文化，促进基础教育事业的发展，起过重要的作用。

四、义　学

义学，又称“义塾”，是指为社会上的孤寒子弟设立的一种免费教育机构。

图 4-4　范仲淹像（清・曾国藩《圣哲画像记》）

中国历史上有确切记载的义学始设于北宋时期。宋仁宗时，一代名相范仲淹（见图 4-4）在家乡吴县（今属江苏苏州）购买良田作为“义田”，随后又置屋聘师，创办义学来教育宗族子弟。明朝初年，社学在官方的扶持下趋于兴盛，为民间贫寒子弟提供教育机会，义学只起到拾遗补阙的作用。明朝中期以后，义学蔚成风气。清朝时，在统治者的倡导下，全国各地普遍设立义学。尤其在康熙、雍正年间，朝廷多次下诏，不仅责令贵州、云南、广西、四川等边远地区设置义学，还在少数民族聚居区广

泛设立带有民族性质的义学，促进少数民族地区蒙学教育的发展。难能可贵的是，清朝义学不断完善，运营方式相对成熟，体制比较健全，提高了义学作为启蒙教育的质量。义学数量的增多和分布范围的扩大，使蒙学教育也得到一定程度的普及。

义学的类型有很多种。从兴办主体的身份来看主要有三种：一种是由地方政府出资兴办，招收辖区内的贫困儿童，让他们有上学的机会，如南阳府（今属河南）的镇平义学就由知县刘勋创设。第二种是由乡绅创办，主要供本家族内子弟就学，有时也适当招收族外的贫困子弟。第三种是由科场失意的儒生创设，他们开馆招生，收取不等的费用，以维持生计。

义学的特点是公益性和平民性。义学的招生对象主要是没有能力聘请教师而有发展前途的所谓俊秀子弟，大多数情况下对他们是免费的，具有公益性的特点。义学为那些家庭贫困的子弟提供上学的机会，有的直接强调仅仅面向贫家子弟，又具有明显的平民性特点。这两个特点无论是对平民家庭来说，还是对教育的普及而言，都起到积极的作用。

义学的教学内容主要有三部分：一是读书识字。义学招收的学生大多是年龄较小的孩童，读书识字成为义学教育的重要内容之一。通过读书识字，学生能够应付日常生活中的一些事务，如看书、写信和阅读政府法令等。二是生活礼仪。义学要求学生懂得礼仪揖让，懂得长幼有序，每日放学均要向老师行礼，以培养他们日常行为规范，最终成长为传统社会所需要的忠臣孝子。三是帝王诏令等。义学把一些皇帝诏令和政府法律作为学习教材。如朱元璋的《御制大诰》，康熙皇帝所定的《圣谕十六条》和《圣谕广训》，分别是明、清时期各类学校的必读教材。①

① 参见郭晓灵：《清朝的义学与蒙学教育》，《青年与社会》2014 年第 3 期；陈建国：《论明清时期义学的办学机制》，《西北大学学报》2008 年第 6 期。

义学的出现使得一般民众的子弟，尤其是贫寒子弟，有了接受教育的机会，增加了他们进入统治阶层的概率，有利于社会阶层之间的流动。

五、族　学

族学是指中国古代社会宗族开办的私学。与其他私学不同的地方在于它的家族性质，入学者大多是本族的子弟，办学经费也由宗族提供。

中国古代家族社会地位的高低以及家族利益是否能代代延续，一个最重要的因素就是家族是否“累世簪缨”“代有闻人”。在科举成为入仕主要途径的社会背景下，家族的科举及第人数、为官的人数以及为官者官位的大小，成为衡量一个家族社会地位高低的重要标志。许多家族都通过提供财力等各种措施支持教育，如设置学田，建立族学，资助子孙进学读书或赶考等。

从地域分布上看，南方族学的数量多于北方，南方的族学又集中在浙江、安徽、江西、福建等地区。而且从南宋开始，南方成为经济和文化发展的重心，与北方相比，这里的家族影响更大，它们有兴办族学的经济实力，也有主动性。最终，其教育的效果就极为明显，反映在科举入仕的人数上，南方远远超过北方。及第者中，出身于世家大族的非常多，他们的入仕不仅加强了家族与政府的联系，也能更好地保护自己所在家族的利益。

族学的规模可大可小，没有限制：小的塾师 1 名，学生只有几个人；大的名师会聚，学生人数也多。在多数情况下，族学由几间学堂、几名塾师和几十名学生组成。这样的族学遍布全国各地，有的地方甚至达到相当普及的程度。

族学的教育目的具有两重性：一方面，族学能满足家族子弟读书识字的需要，在为他们提供普及性教育的同时，宣扬孝、悌、仁、义等儒家的纲常礼仪，这有利于维护家族内部的团结；另一方面，族学又能满足家族子弟参加科举考试的渴望，为他们进入仕途提供阶梯，并希望他们将来能回馈家族。

族学的教育过程具有阶段性特征。由于家族教育目的具有两重性，这就决定族学教育分成两个阶段，即初级的蒙学教育和较高一级的应试科举教育。在现实生活中，有经济实力和条件的家族，学校的划分较为细密，两级学校分类也较为明确。当然，有许多家族教育，由于经济原因或其他原因，族学教育阶段的划分没有那么明显。有的只提供给蒙学教育，家族子弟要准备参加科举考试，需要到别的地方去求学读书。这时，家族可以给他们提供资助，这在族规上都有规定。

族学的经费以田产为主。中国是传统的农业大国，在教育经费来源上，族学也表现出较强的农业性：田产是维持族学正常教育活动的必要经济来源。虽然家族对族学投入经费的形式多种多样，但最常见和最稳固的是划出学田，用学田的收入支持族学。元、明、清诸朝，族学的设置蔚为大观，学田的数目也有了极大的增长，这成为族学固定的经费来源。

从北宋的范氏义学开始，族学成为家族制度的组成部分。它的出现不仅扩大了家族的功能，体现了宗族的扶助价值，而且丰富了私学的办学形式。而通过族学，儒家的纲常伦理也就落实到社会底层或大众层面。

六、社　学

社学是元明清时期在乡村设立的，介于学校教育与社会教育之间、官学与私学之间的乡学村校。

社学萌芽于唐、宋两代，创设于元朝。唐朝的社学除了在敦煌遗书里能见到一点记载外，并未见于其他史籍。宋朝时，社学的数量略有增多，但没有形成规模，在官方史籍中也未见记载，我们对它的机制还不清楚。因此，唐、宋两朝只能视为社学的萌芽时期，其性质类似于私立书院、义学和私塾。到元朝时，朝廷正式下诏创立社学，把它推向全国。（见图 4–5）

图 4–5　古代村塾图

社学多由朝廷倡导，各地方官吏创办。其对象是普通农家子弟，教师不是由政府委任，而是由民间推荐产生，其条件必须是通晓经书。此外，这种社学是利用农闲时期举办的，与宋朝乡村中的“冬学”有类似之处。明朝社学管理比较严格，制度较为完备，社学教师享有官学教师的一些待遇。其中，教育家王阳明为社学官学化和制度化做出了巨大贡献。王阳明的社学著作《社学教条》作为指导当时江西社学教育的纲领性文件，被他以行政手段实施于各个社学的教学中。清朝规定各直省的州、府、县都设立社学，每乡一所，教师要选择“文义通晓、行谊谨厚”者。同时，为鼓励兴办社学和学生进入社学，政府给予社学的师生优惠待遇，比如减免劳役等。

社学的显著特点是社与学合而为一。元明清时期，社是一种地方基层组织或民间团体，承担着劝导农桑、储粮备荒和教化农家子弟等职责。社学则突出社的教化功能，但与那些正规的以科举入仕为宗旨以及培养各级官吏的府州、县学不完全相同，它主要是对农家子弟进行所谓教化和训俗的场所。教学内容首先是以礼为教，灌输伦理道德。其次是启蒙识字，读书习字，也兼学一些与农业生产劳动和日常生活有关的常识。

社学的性质介于官学与私学之间。社学有明显的官学性，元、明、清三朝均曾明确下诏在全国范围内兴办社学，还规定各地社的设置数额；社学均置有学田，其中有许多由政府置办，以作为社学经费的来源；主持社学教师聘任的除一些豪

姓外，大多是提学官或各地方官员；社学教师根据朝廷的政策，还享受免除徭役的待遇；地方政府每设一所社学，其行政官员就要将社学师生名录造册上报，以备提学监督考核之用。这些因素给社学打上浓厚的官方烙印。另一方面，社学也具有私学性。朝廷倡设社学，主要是授权各地方政府，而没有相应的强制措施，各地所设社学数额也极少能达到额定数；社学在发展过程中兴废无常，针对这一状况，有时朝廷宣称由民间自立社学，地方政府不得干扰；在办学过程中，朝廷也无力对社学进行统一的管理与严格的控制，以至于有些社学完全被豪姓掌握。[①]

社学秉承传统教育的意旨，对私学进行一定的规范，可以视为官学教育的延伸。社学设置于社会最基层的乡、村、里、社，具有明显的基层性；社学为百姓提供初等教育，是中国古代社会重要的蒙学形式，又具有基础教育特征。正因为如此，这一形式更有利于文化教育的普及，也有利于统治阶级进行政治社会伦理教育。

七、华林书院

华林书院位于今江西奉新华林镇，是当地胡氏家族开办的一所家族书院，也是与岳麓书院、白鹿洞书院和鹅湖书院齐名的古代“江南四大书院”之一。

书院的创办人为胡仲尧，其别号光辅，奉新同安乡人，南唐时曾任寺丞官，入宋以后，做过洪州（今江西南昌）助教，后迁国子监主簿。他平生除创办华林书院外，还在赤岸、会埠一带兴建郁竹书院、吟溪书院、南垣书院、车坪书院等。由于办学成绩卓著，他曾先后两次得到宋太宗的诏书旌表。

胡氏家族是奉新的大家族。唐朝末年，曾做过饶州判官的胡清献回到华林，聚族而居。他在扩建华林的同时创办培养胡氏子弟的家族私塾，即书院的前身。南唐时，胡清献之孙胡珰将私塾发展成具有一定规模的学舍。北宋雍熙初年（984 年），胡珰

① 参见施克灿：《古代社学沿革与性质考》，《教育学报》2013 年第 6 期。

曾孙胡仲尧大建华林书院，他搜集图书，聘请名士前来讲学，吸引了几百名来自各地的学子。到北宋中叶，书院发展到鼎盛地步，成为当时首屈一指的大书院。

书院坐落在云峰秀拔的华林山西南的山脚处，地处“四时烟景似沧浪”的幽静环境中，是读书、治学的绝佳场所。据文献记载，书院主殿为挑檐式古建筑，正堂一进3栋，左、右各2栋，共7栋。除主殿外，还有旌表义门、书亭、水阁、男膳堂、女膳堂等一组建筑群。主殿门口有一对气势非凡的华表，辉映门间；旁边有“龙池”，因士子们常在池中洗涤笔砚，以至于池水变黑，又称“墨池”。另外有一口专供书院食鱼的养鱼池，与墨池相对。登高望去，墨池与养鱼池宛如华林山这条巨龙的一对眼睛。万年宫牌坊前雄踞一对石狮，书院门上镶嵌一块巨型横匾，上书“华林书院”四字，字迹隽秀，笔力遒劲。门两边有联云：“前川栽成君子竹，联桥挺出大夫松。”华林书院集教习、起居、休闲、娱乐于一体，反映了中国古代南方山水园林的建筑风格。在经历千百年的岁月后，今仅见书院遗址、石匾、石门槛、石碾、石磨、石门枕、天井等。

书院办学有三大特色：第一，它是文学派的书院。在华林书院可以尽情地呼吸文学的芬芳，到书院讲学的全都是文学家。诚如当时诗人曾致尧所称：“宾友尽为文苑客。”第二，它是家族化的书院。胡氏家族累世累代同心同德，培养一种共有的风尚，把家族教育办起来，让族内子弟讲经史、诵诗书、习礼义。第三，它重视女学，招收女学生。历史上许多著名书院，还没有听说过有招收女生的，华林书院在此方面书写了新的一页。不论是本家族的还是亲友中的女性，只要愿意，都能进入书院学习。在书院的西面还为女生专设了一个女膳堂，女生跟男生一样，享有书院的各种权利。如果有名流来院讲学，她们便列绛纱幔帐以听；书院举行盛宴，她们也照例参加。宰相向敏中曾有“花凝玉勒含烟露，酒泛金樽醉绮罗”的诗句以纪实。

书院开创一代读书新风，取得显著的教育成果，为朝廷培养了大批人才。有宋一代，胡氏家族就出过55名进士，官至刺史、尚书、宰相的不乏其人。

宋端拱二年（989 年），胡克顺、胡用之叔侄二人同中进士，一时名震朝野。有诗称赞说：“四海二雄今绝少，一门双第古无多。”宋景德二年（1005 年），胡用时、胡用庄、胡用礼兄弟三人又同榜及第。宋真宗赋诗称赞：“一门三刺史，四代五尚书。他族未闻有，朕今止见胡。”胡氏家族的科举佳话自此享誉天下，慕名来此讲学或题诗赞颂的巨卿名士有 72 人之多。如宰相王钦若、李昉、陈尧叟、张齐贤、晏殊、吕蒙正，集贤院学士钱若水，翰林学士梁颢，龙图直学士刘锡以及苏轼、杨万里、黄庭坚等著名文人，都留下名篇佳作，现存诗作达 80 余首。

华林书院是胡氏家族办的书院，其办学宗旨是把累世聚居和数代讲经史、诵诗书、习礼仪的家风传下去，以博取“孝悌声华辉北阙，门闾显赫耀南方”的声誉，具有鲜明的家族性和求仕性，因而其沿革完全与胡氏家族的盛衰联系在一起。随着宋朝中央集权的加强，士族门阀对政治的作用不断削弱，胡氏这个 800 人同居共爨的大家族也开始失去往日的辉煌与荣耀。此外，华林书院培养胡氏子弟踏上仕途，远走高飞，更为聚族而居的胡氏家族带来瓦解的危机。到胡仲尧曾孙胡直孺的时候，随着胡氏子孙仕途各异，家族逐渐分散开来，最后他不得不“易书院为宫观，掷祖产于住持”，将山上的财产交给浮云宫管理。一个庞大的家族终于走到离散的尽头。在胡直孺去世几十年后，胡氏家族已完全衰落，连祖产也保不住了。[①]

八、东明精舍

东明精舍位于今浙江浦江，是郑氏家族兴办的一所家族塾学，因建于东明山而得名。

① 参见王永华：《历史尘烟里的华林书院》，2012 年 2 月 12 日《中国教育报》。

东明精舍的创始人郑德璋（1244 ～ 1305 年），是郑氏五世孙。为了让家族子孙有一个专心读书的地方，他创建东明精舍。此后，郑德璋之子郑大和对精舍加以修葺、扩建，使房舍增至 21 间。扩建后的精舍声名渐著，大儒吴莱、宋濂相继在这里执教。其中，宋濂主讲 20 多年，授经著书，与其徒天台方孝孺等弟子讲学于此，著有《东明山精舍壁记》，精舍由此走向兴盛。清乾隆二十七年（1762 年），浦江知县何子详重视地方教育，首创浦阳书院，郑氏裔孙尔梧、若奇等闻风响应，积极捐资办学，将精舍改称“东明书院”。乾隆五十一年（1786 年）、嘉庆十一年（1806 年）和道光四年（1824 年），书院均进行过修葺。民国元年（1912 年），书院改为“东明高等小学”，东明精舍至此结束了它 600 多年的历史。

东明精舍的一个显著的特征是与元、明两朝大儒有着深厚的渊源。元朝的柳贯、黄缙、吴莱，明朝的宋濂、戴良、胡翰、方孝孺等，都曾在这里求学或主讲。它的学术始源于以二程、朱熹为代表的理学和以吕祖谦为代表的婺学（金华学派），以接续圣道、扶植纲常为办学宗旨，教育目标在于培养既具有圣贤人格又具有济世救民才能的体用兼备的理想人才。①

东明精舍兼具义学和族学性质。它虽然由郑氏家族出资创办，学生也以郑氏家族子孙为主，但又不同于当时一般的族学。它不仅允许同邑的异姓子弟就读，也欢迎各地学子前来，是一所名副其实的义学。因此，宋濂因仰慕东明书院之名，从原籍金华潜溪跋涉百里之途，前来此处问学；有“读书种子”之称的方孝孺也慕名从宁海赶来。东明精舍作为一所义学，在资助乡里贫苦子弟求学问道，使之学有所成方面，确实功不可没。

东明精舍的教学有独到之处。在教学过程中，它注重把握学生的心理需求，激发他们的潜能，培养学生奋发进取的精神。在学生管理中，它以高标准要求学生，要求他们不仅掌握知识，还要养成良好的道德习惯。在制度建设方面，

① 参见洪棋文：《义门郑氏德育思想研究》，杭州师范大学硕士学位论文，2009 年。

从精舍到后来的书院，它之所以能够持续地办学600余年，关键还在于在办学之初就制定了一整套完善的教学管理章程——《东明书院章程》。

东明精舍不同于浦江官办的月泉书院，它的“草根性”特点决定它的财政和教育资源不由官府控制而能保持相对独立性，能够在教学和研究上实现一定的自主权；它所具有的宽容、自由、独立而又富于人文性的独特精神，给教育注入生机和活力，在一定程度上保证了东明精舍的办学长盛不衰。

九、万木草堂

万木草堂位于今广东广州长兴里，是晚晴维新派学者康有为创办的一所新式学堂。

光绪十六年（1890年）春，康有为举家迁往广州，居住在曾祖父康式鹏（字云衢）的老屋云衢书屋。继陈千秋、梁启超师事康有为之后，徐勤等青年学子闻风来学，纷纷投到康有为的门下，到年底增至20余人。云衢书屋桃李盈门，已经无法容纳，而来学者仍络绎不绝。翌年春，康有为徇陈千秋、梁启超之请，租赁长兴里邱氏书屋（今广州中山4路长兴里3号），正式开设学堂，又称“长兴学舍”。韩文举、梁韩杰、曹泰、王觉任、麦孟华、陈和泽、林奎等青年学子先后入学。光绪十八年（1892年），康有为把学堂迁移到卫边街邝氏祠（今广州第13中学），学生逐渐增多，达40余人。次年，学堂再迁于广府学宫仰高祠（今广州工人文化宫），来学者更多，达100余人。康有为从长远打算，租赁此处10年，由陈千秋、梁启超充任学长，还特地装上一方匾额，题曰“万木草堂”。

草堂的教学内容融会中西，分为四部分：第一部分为义理之学，包括孔学、佛学、周秦诸子学、宋明学、泰西哲学；第二部分为考据之学，包括中国经学史学、万国史学、地理学、数学、格致学；第三部分为经世之学，包括政治原理学、中国政治沿革得失、万国政治沿革得失、政治实用学、群学；第四部分为文字

之学，包括中国词章学、外国语言文字学。这些内容以孔学、佛学、宋明学为体，以史学、西学为用，把经世之学、自然科学、图谱、射击等列入教学内容，强调学以致用。这种不新不旧、不中不西的格局，恰恰适应了那个新旧交替年代的社会需要，一时造成人才荟萃、学术活跃的崭新局面。陈千秋、梁启超、徐勤、曹泰等赫赫有名的康门“十大弟子”都出自这里,后来成了戊戌变法运动的骨干。

草堂的教育目的不在科举。康有为一反中国旧式书院的传统，不要求学生潜心训诂词章，而是引导青年知识分子跳出科举的藩篱，提出要发展学生的德育、智育和体育的教育思想，主张以孔子的“志于道，据于德，依于仁，游于艺”四句话为学纲。他不仅以渊博的知识熏陶学生，而且以自己满腔的爱国热情感染学生，使学生和他一起肩负起救国救民的“匹夫之责”。

草堂的教学方式具有新意。草堂的学生开始只有 20 多人，到清光绪二十年（1894年）达100多人。学生不分班级，也不进行严格的考试。除了听老师讲课以外，就是自学和做笔记，每半个月将笔记交给老师批答一次。如见到学生有独创之处，康有为就传见学生，启发他们进行深入研究，使学生获益匪浅。康有为还挑选学问造诣较深的学生协助自己著述。梁启超、陈千秋、麦孟华、徐勤、欧榘甲等人是万木草堂的高材生。康有为著述时，先对论点、体例和基本要求作出规定，然后选高材生分工查阅资料，编出初稿，供他编著时使用。著作完稿后，再由高材生做校勘等工作。[①]

万木草堂是康有为聚徒讲学、培养维新人才、著述变法理论的场所。它采用一套与旧式书院不同的教育思想，其教学内容和教学方法在中国传统教育史上是个创举。万木草堂以不唯科举而兴学育人的突出特色，为广开民智、矫修风气做出了不可磨灭的贡献，促进了教育、文化的近代化进程。

① 参见蒋世第：《万木草堂》，《历史教学》1985 年第 6 期。

第五章 家教

家教即家庭教育，是一家一族世代相传的道德准则和处世方法等。中国古代社会以家为本位，主张“修身、齐家、治国、平天下”，强调由修身开始，逐渐扩大到国家、天下，所以尤其重视家庭教育。

原始社会时期，家长管理整个氏族公社的一切事务，组织领导生产活动，掌握财政大权，负责氏族家庭成员的生产、生活知识与技能的传授，并通过对家庭成员进行传统习俗的训练来巩固家长的统治。这种原始社会的氏族大家庭教育，只能算是中国古代家庭教育的萌芽状态。

在宗族制时期，宗族的成员聚族而居，有着共同的生活方式和文化传统。宗族的家教主要由宗子负责，教育内容包括生产、生活、军事、祭祀等方面。其中，祭祀共同的祖先是宗族大家庭的主要教育内容。宗族家庭教育开始有比较明显的等级区别。（见图 5–1）[①]

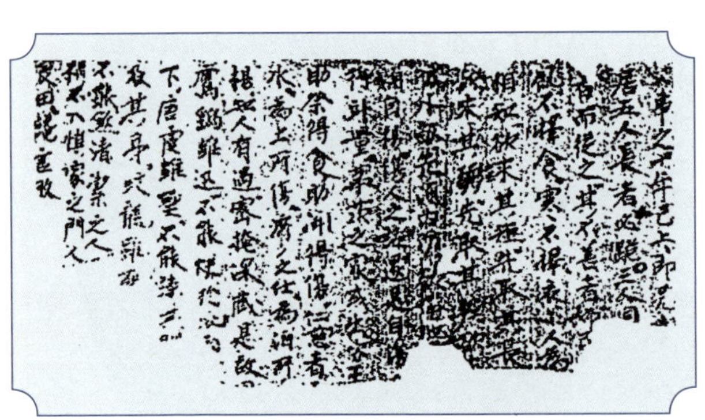

图 5–1　《太公家教》敦煌写本残卷

春秋战国时期，私学兴起，养士之风盛行，家庭教育引起世人广泛的注意。伴随着家庭教育地位的提高，产生了很多脍炙人口的家庭故事。楚国名相孙叔敖的遗文《临终戒子》，鲁国孟母“三迁其居”和“断机教子”的母训，以及《韩非子》中记述的“曾子杀彘”等，透露出春秋战国时期家训的发展及其成就。

秦朝存在时间不长，在家庭教育方面没有什么建树。汉朝建立后，家庭教育得到迅速发展，日渐形成其特色：自汉武帝推行以经术取士和任官的政策以

① 参见阎爱民：《中国古代的家教》，商务印书馆 1977 年版，第 2 页。

来，经学在官宦的家教中占有十分重要的地位。官宦之家的子弟自小就学习《礼》《乐》《诗》《书》《春秋》《论语》和《孝经》等，其家庭教师大多是当地名儒。其他基层的家教各因经济条件和文化环境的不同而有所区别，富商大户或从事教育职业的文人之家一般都注重儒家教育，期望其子弟通过读“圣贤书”而进入仕途。绝大多数平民百姓之家以传授社会生活知识和生产技能为家庭教育的主要内容，道德教育的内容与统治阶级所推行的纲常伦理没有什么区别，主要是孝悌之教。

魏晋南北朝时期，战乱频仍，社会动荡不安，家庭的生产与生活缺乏稳定性。这一时期的家庭教育与汉朝相比相差甚远，尤其是推行九品中正制以后，世家大族的子孙天生就是高官世袭者，寒门士族的子孙即使学富五车也难以入“上品”，平民百姓的子孙就更不在话下，由此造成的“读书无用”的观念渗透到不同阶级和阶层的家庭教育实践中，致使《诗》《书》教育日渐衰落。尽管魏晋南北朝的家教有由盛转衰的趋向，但家庭教育的阶级性和等级性也日益凸显，形成了以皇家宗室为主体的贵族家庭教育、以在职文官为代表的官宦家庭教育和社会底层百姓的平民家庭教育的家教制度。这三类家庭教育一直延续和发展到清末，在客观上对中国古代社会政治、道德、家庭乃至社会秩序等，都产生了深刻的影响。

唐宋时期家教的一个显著特点就是纲常礼教在家庭教育中占有重要位置。《家范》《家规》《治家格言》之类的礼教内容在这时期开始丰富和完善起来，这对于古代社会后期家风的形成有很大影响。由于科举制的推行刺激了广大庶族地主阶层和少数平民之家的读书兴趣，家庭教育与科举考试越来越紧密地结合在一起，“望子成龙”成为家庭教育的动机和目的，于是延师教子的风气长盛不衰。一些富裕的大户人家，或者一族，或者联合数家，纷纷建立“私塾”性质的学校，延聘当地或外地的名师任教。这样，家庭教育日益与学校教育联系起来，出现家庭教育学校化的倾向。

元明清是中国传统社会走向衰落的时期。统治阶级为加强思想控制，在推

图5-2　清·黄慎《教子图》

行专制统治和经济剥削的同时，大力加强社会基层组织，如保甲、村社等建设，加强家族对家庭成员的言行管教。按照宋明理学家的“齐家”“治国”思想，把以“修身”为手段的“齐家”家教与国家政治秩序、社会伦理道德秩序的巩固紧密联系起来，形成元明清时期以“存天理，灭人欲”为核心的家庭教育特色。（见图 5-2）

作为学校和社会教育的辅助手段，家庭教育培养出大量的杰出人才，传承了中国几千年的历史文明。家庭教育实践积淀的教育经验、形成的丰富理论以及独特的教育方法和优良传统，直至今日仍然闪烁着智慧的光芒。

一、家教方法

家教方法是家庭教育中的一个重要内容。任何一种优秀的教育思想，如果没有适合自己的方法，也难以引起受教育者的兴趣，甚至还会受到他们的抵触，自然也就难以完成教育目标。中国古人在实施家教时，非常注重家教方法，其中许多方法至今仍然行之有效。

第一个方法是自幼施教。教育孩子同培育树苗一样，要从小加以扶持和引导，使他们向着正确的方面发展。中国古代家教理论中的一个明显倾向，即十分重视胎教和学前教育。早在公元前 1 世纪，刘向就认识到胎儿会感应到母体内外的一些刺激，指出产前孕妇注意身心卫生对胎儿的发育有着十分重要的生理影响。南北朝时的颜之推指出：在孩子没有出生的时候就要进行胎教，在他

没有懂事的时候就要适当劝导，而在孩子懂事之后，家长要运用威严和慈爱，使孩子在饮食行为和道德作风等方面养成好习惯。北宋时，司马光的《训子孙文》也指出：小孩一出生就要开始慎择乳母，小孩能吃饭时就教他用右手，小孩能说话时教他说自己的名字及一般的问候语，懂些道理时就要教他如何恭敬长辈。这些教育家的论述告诉我们：家教要趁早。

第二个方法是以身作则。小孩子还不完全懂道理，他们往往通过模仿父母的言行来学习。有些父母在教育子女时不顾自己的言行，甚至言而无信，欺瞒子女。他们忘了这很容易误导子女，让他们以为欺瞒、不讲信用都是平常事，不会带来恶果，于是在自己的利益受到威胁的时候，也会采取欺骗、食言等手段。元朝的郑太和就告诫为人父母者："当以至诚待下，一言不可妄发，一行不可妄为，庶合古人以身教之之意。"[①] 因此，做父母的教育子女，要随时随地把身教与言教结合起来，以身作则，才有利于培养子女的良好品德。

第三个方法是恩威并施。家长的地位和威信是子女接受家长管教的心理基础，一旦家长的地位和权威出现动摇，或者受到质疑，亲子之间的合作就变得不顺畅。当然，父母不能过于严厉，过于严厉容易使子女疏远自己；也不能过于宽容，过于宽容容易导致子女不尊重自己。那么，严厉与宽容之间的尺度在哪里？颜之推给了一道妙计：父母与孩子各居一室，是不过于亲昵的办法。孩子不忘孝敬父母，给他们按摩，解其痛痒；为他们收拾床铺、整理被枕，是不过于淡漠疏远的办法。这些方法直到今天仍有借鉴价值。值得一提的是，父母往往溺爱孩子，即使身为王室也不免如此。春秋时，姜氏宠爱共叔段而使其自取灭亡；北朝齐朝时，武成帝宠爱幼子使他骄横傲慢，贪得无厌，长大之后竟在宫廷举兵，结果被处死。这些应该引起后人的警惕。慈母无罪，天然的母子亲情能让孩子体会到最无私的爱，也能让孩子学会感恩，进而懂得去爱他人。因此，父母教

① 李茂旭主编：《中华传世家训》，人民日报出版社 1998 年版，第 1258 页。

育孩子，严格要求的同时，更要给予充分的尊重和爱。[1]

当然，别人建议的方法再好，用到自己孩子身上不一定灵验。家教究竟该采取哪种方法，要根据教育目的、内容以及孩子的实际情况而定，这样家长才能不断提高家教水平。

二、家教内容

中国古代家教内容具有多元化的特征，涉及家庭、社会的各个方面，不仅关注道德素养和学习能力的培养，而且注重为人处世能力的初步训练。具体而言，有以下内容：

一是勤俭修德。德育是中国古代家庭教育的主要内容，由此逐渐形成“遗子以财，莫若以德”的德教之风。家教中的修德是多方面的，如知孝悌、懂礼仪、守法度、遵常伦等。论其根本，勤劳和节俭是德育的突出内容。《颜氏家训·治家篇》中说：教养孩子的根本，应该是亲自耕种、收获而食，亲自种桑麻、学织布而衣。劳动是人类生存的基础，治家也应以勤劳为本。无论生长在怎样的环境中，以什么方式生存，勤劳都应是家教必不可少的内容。就连帝王世家也不忘勤俭教育。贞观十年（636 年），唐太宗李世民对房玄龄说：“朕每一食，便念稼穑之艰难；每一衣，则思纺绩之辛苦，诸弟何能学朕乎？”[2]春秋时期鲁国大夫御孙说过：俭是基础性的美德，奢侈则是最大的恶。司马光对这一思想极为欣赏，并着意引申发挥。“孝悌之道，礼仪之事，惟治生者能之，又奈何不惟勤俭之为尚也。”

二是读书治学。孔子曾教育后代：“不学《诗》，无以言。不学《礼》，无以立。”《三字经》中“子不学，断机杼”的故事生动地说明人如果荒废学业，就会像快

① 参见孔霞、龙玲玲：《中国古代家庭教育思想初探》，《现代教育科学》2011 年第 2 期。

② （唐）李世民：《教戒太子诸王》，（唐）吴兢：《贞观政要》卷四，岳麓书社 1991 年版，第 154 页。

要织好的布被砍断一样半途而废。一个人只有通过不断地学习，才能形成良好的修养和品德。孟子听从母亲的教诲,改正错误,坚持不懈地学习,终于成为天下名儒。颜之推告诫他的子女：人生在世，应该有自己谋生的事业，有一技之长，但没有不需要学习的,不学则无以立。他还列举了学习对改变和矫正未知养亲、未知事君、素骄奢、素吝啬、素暴悍、素怯懦等人的六种缺陷的巨大价值作用，其中包括对提高人的德行、增加人的知识、改变人的性格、塑造人的个性等方面的价值作用。今天已经不同于古代，我们一再强调的智育其实与古代的读书治学有异曲同工之妙。当我们在争论智育与德育孰轻孰重时，不知古人已经给出很好的建议：德育当然重要，但离开智育则很难施行。智育是基础，只有通过智育才能施行其他的教育内容，不谈智育，全面发展的教育也就无从谈起。

三是为人处世。从家庭的角度来讲，知孝悌、懂伦理是对内的生存规则，为人处世则是对外的生存规则。无论是对内还是对外,家庭都扮演着重要的角色，承担着主要的责任。因此，中国古代就有无数先哲和教育思想家谆谆教导其子女为人处世的道理。既是为人处世，就须先讲为人之道。春秋时楚国人孙叔敖临终前告诫子弟不贪图眼前利益以求生存之道："王则封汝，必无受利地。楚、越之间有寝丘者，此其地不利，而名甚恶，可长友者，其唯此也。"[①] 明朝东林党领袖高攀龙认为:"人立身天地间，只思量作得一人是第一义。"[②] 是说学会做人是第一重要的。做人要孝悌、忠信、廉洁、诚实、言语谨慎、交友慎择、常思己过、自我更新。[③]

总而言之，中国古代家教是以德育为根本，以为人处世之理为准则，以读书治学为主要内容,目标是达成"圣人"的理想人格,并在此基础上实现"齐家、治国、平天下"的目的。

---

① 陈奇猷校释：《吕氏春秋新校释》，上海古籍出版社 2002 年版，第 558 页。

② （明）高攀龙：《高子遗书》卷十，文渊阁四库全书本。

③ 参见孔霞、龙玲玲：《中国古代家庭教育思想初探》，《现代教育科学》2011 年第 2 期。

三、曾子杀彘

“曾子杀彘”这一典故说的是春秋时期的曾子为践行承诺而把家里的猪杀掉，以告诫孩子诚实守信的故事。

图 5-3　曾子像

曾子（见图 5-3）是孔子的学生，重视孝道，传说《孝经》就是他撰写的。曾子也很注意个人修养。《论语》中记载他的一句名言：“吾日三省吾身：为人谋而不忠乎？与朋友交而不信乎？传不习乎？”即强调做人要诚实，要以身作则，曾子也是这样教育自己的孩子的。

有一次，曾子的妻子要上街，他的儿子拉着母亲的衣襟又哭又闹非要跟着去。曾子的妻子被闹得没有办法，就对孩子说：“你留在家里，我回来杀猪煮肉给你吃！”孩子被哄回家去了。曾子的妻子从街上回来，只见曾子拿着绳子在捆猪，旁边还放着雪亮的尖刀，原来正在准备杀猪呢！他的妻子赶忙制止他说：“我刚才是和小孩子说着玩的，你难道真的要把猪杀了？”曾子郑重地对妻子说：“我们不能欺骗孩子。孩子小不懂事，但他们会学父母的样子，听父母的教训。今天你说话不算数，欺骗孩子，就是在教他讲假话。再说，母亲骗了孩子，孩子觉得母亲的话不可靠，以后你再对他进行教育，他就不会再相信你了。这种做法对教育孩子很不利。”最终把猪杀了煮了肉给孩子吃了。

曾子用言行告诉人们：为了言而有信，哪怕是面对孩子，也要说到做到。父母是子女的第一任启蒙老师，他们的言行对子女将来的成长起着很大的作用。很多时候，很多父母以“善意的谎言”为借口，欺骗孩子，总认为他们还小，不懂道理。殊不知，孩子是小，不分善恶，但他们却会模仿。父母欺骗他们，他

们可能学着父母的样子去欺骗别人。因此，做父母的都应该像曾子那样讲究诚信，用自己的行动做表率；不能紧盯着眼前利益，算计眼前的得失，要从教育子女的长远利益考虑。

四、孟母教子

“孟母教子”讲的是孟子的母亲为教育好孟子而多次迁居和割断纺线的故事。

孟子是鲁国贵族孟孙氏的后代。虽然他出身贵族，但他少年时代家境贫寒，没有享受到贵族子弟那饭来张口、衣来伸手的特权生活。其抚养和教育完全仰仗母亲。孟母是一位勤劳而善于教育孩子的母亲，她在中国家庭教育史上享有盛誉，尤其是“孟母三迁”和“断机教子”是千百年来脍炙人口的家教典型。

父亲去世之后，孟子和母亲居住在离墓地不远的地方。孟子自幼天性活泼，喜欢玩游戏，每天在坟墓之间的空地里，学着大人的样子用土堆成土坟。孟母意识到这里不是孩子该待的地方，就把家迁到热闹的集市旁边，她以为人多热闹，可以让孩子增长见识，学到做人的本领。谁知道孟子在那里虽然不玩筑坟的游戏了，却整天学着集市上生意人的样子吆喝，活脱脱像个小商贩。孟母很不满意，认为这里也不是教育儿子的地方，于是又把家迁到学校旁边。从此，孟子的游戏就改成模仿学校师生的行为，对礼乐活动产生浓厚的兴趣。由于孟母重视环境对孩子教育的影响，主动选择居处，以至于多次更换住所，最终培养了孟子好学的兴趣。

孟子上学之后进步很快，几年的工夫就觉得学有所成，开始变得自满自足。一天，他高兴地告诉母亲，他准备放弃学习。孟母当时正在织布，听到这话就问他：“学到什么程度就可以算是到顶了呢？”孟子回答道：“自己以为行了就可以了。”孟母一听，二话没说，拿起刀砍断纺线。孟子见此情形，胆怯地问母亲为什么要这样做。孟母说：“孩子，你现在荒废学业，就像我砍断

图 5-4 清·康涛《孟母断机教子》

这些纺线一样。有志之士求学问是为了建立功名，干大事，所以学问要求广博，以致居则安宁，动则避祸。今天你废止学业，不求进步，这种做法必然使你将来只能成为一般的庶民，不仅有劳役之苦，而且有当兵之祸。这与我终日靠织布谋生有什么区别呢？你求学半途而废，能够让你今后的妻子儿女有衣穿，不饿肚子吗？妇女尚且不能丢下谋食的营生，男子汉如果不加强修养道德就会堕落，不去当窃盗之徒，就得去服劳役或当兵。”（见图 5-4）孟子听到这番话，深有触动，从此勤学不辍，倍加用功。后来，他远离家门，拜孔子的孙子子思的门人为师，认真研读“六经”，不仅深得儒学真谛，而且还把儒学弘扬光大，成为天下名儒。

孟母教子的故事影响深远。西汉时期韩婴在《韩诗外传》中用这个故事来解释《诗经》，刘向在《列女传》中也详细记载了这个故事，东汉的女史学家班昭曾作《孟母颂》，西晋的女文学家左芬也作《孟母赞》来歌颂孟母。后来，《三字经》引证的第一个典故就是“昔孟母，择邻处，子不学，断机杼”。

孟母三迁和断机教子的故事的真实性、可靠性如何，现在很难断定，但这两则故事却反映出中国古代具有重视家庭教育的优良传统。历来望子成龙的父母，总是把孟母作为家教的楷模。孟母注意环境教育和耐心启发诱导的方法，也成为古代家教的宝贵经验。

五、《颜氏家训》

《颜氏家训》（见图 5–5）是南北朝时期的颜之推撰写的家教经典著作。

颜之推（531 ～约 595 年），字介，生于梁朝建康（今江苏南京），祖籍琅琊临沂（今山东临沂）。颜之推出身于士族之家，世代为官，深受世传儒学传统的影响，不仅从小研习《周官》《左氏春秋》等儒家经典，而且喜欢博览群书。从 19 岁始入梁为官，历仕南梁、北齐、北周和隋四个朝代。

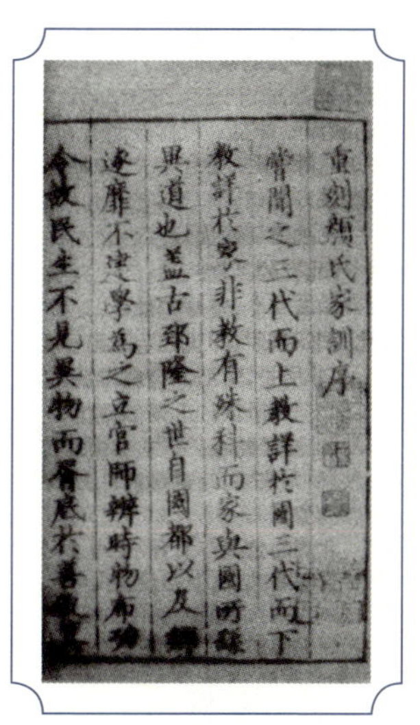

重刻顏氏家訓序
嘗聞之三代而上教詳於國三代而下
教詳於家非教有殊科而家與國所繇
異道也蓋古郅隆之世自國都以及
遂靡不設學爲之立官師辨時物布功
令故民生不見異物而習底於善

图 5–5 《颜氏家训》书影
（明万历刻本）

颜之推生活的时代，正是士族门阀制度由顶峰转向没落、中国社会由南北朝分裂而趋向重新统一的时期，士族势力腐败，九品中正制行将瓦解。颜之推预见一个由中小地主阶层登上政治舞台和以科举考试取士的量才授官的新制度即将到来，他希望自己的后代世承儒学家教传统，以保自己家族长远富贵，世代为官，于是在晚年写下包含着丰富的家教内容的《颜氏家训》。

魏晋以来，豪门士族以门第入仕为官，养尊处优，饱食终日。有的人因家世余绪，得到一阶半级便自为足，全忘修学。他们在承平之日尚可悠闲自得，但一到战乱和朝代更迭之时，往往身不保命，家破人亡。颜之推亲身经历过战乱，当过西魏政权的俘虏，也目睹过许多仕宦之家的悲惨下场。他告诫子弟：在动乱年代，更要读书学艺。士大夫之家若能常保数百卷书，注重家教，千载以后也不至于沦为“小人”。因此，他认为仕宦之家应当居安思危，学艺保身。

颜之推认为，学习的内容以儒家经典为主，从中可以获得立身处世的道理

和方法，同时还应兼及百家之书，从百家之书中获得对书、数、医、画、射等百艺的了解。他认为国家之臣不外乎六种，即朝廷之臣、文史之臣、军旅之臣、蕃屏（保卫）之臣、使命（外交）之臣、兴造（土木建筑）之臣。这六类官吏都应有专才专艺的教育，才能专精一职，否则遇有国家大事，议论得失，蒙然张口，如堕云雾。

在颜之推看来，仕宦之家应当打破门第之见，走出高墙大院，让贵胄子弟接触下层社会的农工商贾。历史上有所作为的布衣卿相都来自民间，知道民间疾苦，知道稼穑艰难，所以表现出超人的佐时治国才能。相反，士大夫子弟“饱食醉酒”，像这样的废物怎么能不在动乱年代沦为“小人”，去耕田养牛呢？

颜之推还提出儿童教育的主张。儿童教育应在婴幼儿时及早开始。俗话说：“少成若天性，习惯成自然。”如果等孩子的性格已经形成，再施教就困难多了。他要求仕宦之家不要溺爱孩子，也不要用粗暴的手段来管制他们，这样的结果是父母丧失威信，孩子也得不到好的教育。仕宦之家的父母应当“威严而有慈”，这样子女就会畏而生孝。父母应当根据自己孩子的年龄和天赋，因材施教。如在儿童时期要注意学好语言，讲标准话，讲文明礼貌的话，要做子女的示范，不能讲脏秽之词和粗暴无礼之言；孩子长成之后，要教以《诗》《书》，学以才艺，养以道德。①

《颜氏家训》上承汉魏六朝以来的“诫子书”“家诫”的遗风，下开唐宋元明清诸朝士大夫之家家训的先河，在中国古代仕宦之家的家庭教育史上占有十分重要的地位。

① 参见毕诚：《中国古代家庭教育》，商务印书馆 1997 年版，第 82 ～ 84 页。

六、柳玭家诫

柳玭（？～895年），唐京兆华原（今陕西耀县）人，曾任御史大夫等职。

柳玭出身于高官世家。其祖父柳公绰（著名书法家柳公权的哥哥）曾任刑部尚书、兵部尚书等职，其父亲柳仲郢曾任剑南东川节度使、刑部尚书，其兄柳璧曾任谏议大夫，他本人也官至御史大夫。虽是世家高官，柳家的社会名声却非常好，这与他们的家教密不可分。

柳公绰任宰相后，柳家由庶族上升到世家大族。为了让家族子孙后继有人，他很注重教育，不惜重金延师教导子孙，期待柳氏后人通过科举入仕，世代为官。当时，许多权贵子弟不务正业，仗势欺人。柳玭面对社会现实，总结柳家世代家庭教育的经验，针对出身门第高贵人家子弟的思想行为特点，撰写了著名的《戒子弟书》。

在《戒子弟书》中，柳玭把德行、文学视作立家的根本，这是对士林之家性质的正确认识和把握。读书人要由科举入仕，必须修养德性，首先要成为一个道德高尚的人，同时要有扎实的学问。他指出：大凡名门世族，都是由先祖遵循礼教，以德行卓立于世；并且以悬梁刺股的勤学精神与毅力，积德进学才立下基业，然后立于世族之林。高官世家后代之所以使家族先辈创立的基业毁于一旦，主要是子孙贪图祖先的殊荣，放弃自己的努力，德行不修，学业荒嬉，久而久之养成骄傲、奢侈、荒淫、游佚的不良习性，到了这般步田地，没有不毁家丧业的。

柳玭总结了古今世族兴衰存亡的经验教训，列举出许多注重德行文学家教的成功例子，阐述德教的重要性。他指出，号称“四大名族”之一的崔氏家族保持百年兴盛不衰，是其他家族无法比拟的，是因为他们世代注重以孝悌为本，以孝悌家教作为传家法宝。崔琯的曾祖母年高无齿，饮食困难，崔琯的祖母竭

尽孝心，亲自下厨为老人做饭，让她几十年不吃成粒的硬食。尚书裴宽子孙兴旺，家族发达，为当世名门，其传家之宝也是以忠信教训子孙后代，形成以忠信为本的门风。裴宽的先人在武则天时与宰相魏玄同约为儿女亲家，还没来得及完婚，魏玄同就被罗织罪名投入大狱，其家人被流放岭南，地位一落千丈。在这种情况下，裴宽的先人以信为做人之本，不仅没毁婚约，反而在魏家落难时冒着危险隆重迎娶魏家之女。诸如此类，柳玭一一列举，认为每个家族都要有自己的立家守业之本，家教要严约子孙严守家规家法，这样才能长盛不衰。

柳玭还指出：家庭或家族都是由个人组成的，每个人都要为家庭或家族的兴盛而加强自我德行修养，由此提出柳氏家族子孙立己处世原则。这就是一个人要立己，必须做到以孝悌为基，以谦恭为本，以礼让为务，以勤俭为法。只有坚守这四个原则，才能克奢侈，远祸患，使家世门第之福源远流长。①

柳玭的这篇文章文采丰奕，警世醒人，时人都诵唱，称之为“柳氏云”。不但其家人以此为鉴，克己遵守，一些有识之士也纷纷转抄，用以教育自己的子女。鉴于柳氏祖孙数代都恪守家法，为官清廉，《旧唐书·柳公绰传》称赞说：“言家法者，世称柳氏。”

七、王旦家教法

王旦（957～1017年），字子明，大名莘县（今属山东莘县）人，宋太宗太平兴国年间举进士，北宋名臣。王旦深受赵氏家风感染，既很注重个人道德修养，又很注重家庭子女教育，积累了特殊的家教方法，被世人称之为“王旦家教法”。

王旦家教法归纳起来有三点：为官俭约朴素，教子自食其力；和睦宽人，

① 参见毕诚：《中国古代家庭教育》，第99～101页。

以无言之教感化家人；以身作则，善于诱导。

在为政方面，王旦善于知人善任。他在真宗朝颇受重用，任宰相长达15年之久，官至一品宰相。应当说，他家中十分富有。然而，这位老相国平时穿的是布衣布衫，吃的是粗茶淡饭，节俭朴素，即使一般小官吏也自叹不如。他的住宅非常简陋，仅能避风雨，全无雕饰。宋真宗曾亲自去过他家，见如此破旧的房屋，准备给他修缮。他推辞说，这是祖宗旧宅，不能毁掉，真宗只好摇头作罢。晚年时，王旦的床上还是用旧毡席，旧床絮，粗布被子，家人想装饰缯绵，他坚决不肯。在他的影响下，家人的衣着食用都很俭朴，王旦去世之日，子弟还有穿褐衣的。他居官清廉，俸禄之余多用于接济亲友，从不考虑为子孙置买田宅。他曾教育子孙说："子孙当各人自立，何必田宅，徒使争财为不义耳。"这样做是为了防止子孙养成骄奢陋习。有一次，真宗私下赐给王旦白金50两，有意帮助他补贴家用，他却上表谢辞"已惧多藏，况无用处"，把50两白金原封不动地退还了，真宗读完谢表，感动得流下眼泪。

在治家教子方面，王旦从不摆出盛气凌人的架子，而总是一团和气。即使家人和子弟犯有过失，他也不置一词，而是让他们明白错误，知过能改，所以家人和子弟从未见他发怒过。一次，子弟告诉他厨房的肉被厨师私用了一半，请求治一治厨师。王旦淡然地问："你看有多少斤肉？"子弟说："一斤肉，被厨师私用了一半，我们吃不饱肉了。"王旦告诉他们："这样，以后就买一斤半吧。"说后若无其事地回书房去了。厨师知道此事后惭愧地说："小人不懂事。宰相肚里可撑船，这话真不假。"

每到冬至时，家家都要祭祀祖先。王旦为人至孝，又是朝廷重臣，自然更要遵守这一礼法。一年冬至日，王旦因朝中政务缠身未能按时归府。他有个弟弟蛮横无知，抱怨兄长迟迟不回家主祭，一气之下把放在堂前盛放祭祀物品的坛坛罐罐都打破了，酒菜洒了一地。家人子弟十分惶恐，手足无措，以为王旦再宽厚也会发火的。谁知王旦回家后，见地面无法行走，装着什么事情也没有

发生，对弟弟连正眼都不看一眼，提着衣襟走入厅堂。弟弟深为兄长的宽怀大度所感动，连忙跪地自责不已，从此改过从善。王旦既不责备，也从来不提及此事。这种无言之教，给犯过失的弟弟自己反省认错的机会，确实收到更佳的效果。

由于政务繁忙，王旦把家务事交给弟弟王旭料理。一次，弟弟见到其他大臣都腰系玉带，为了孝敬兄长，在未征得其同意的情况下私自为哥哥买了一条玉带。王旦知道弟弟的用意，没有批评弟弟不注意节俭，而是温和地让弟弟把玉带系在自己的腰上，然后问："你还能看到漂亮的玉带吗？"弟弟说："系在我腰上，怎么能看得见？"王旦笑着说："自负重而使见者称好，无乃劳乎！"弟弟非常惭愧，立即把玉带退了。这种循循善诱以使人改错的教法，非常耐人寻味。

临终之前，王旦还不忘教育子弟节俭。他写遗嘱告诫儿子："我家盛名清德，当务俭素，保守门风，不得事于奢侈，勿得厚葬以金宝置棺中。"写完遗嘱，他仍不放心，担心子弟们不照他的话去做，又把好友杨素找来，请求他日后出面料理丧事，用火葬之法处理其遗体，这样可以避免子弟拘于俗习，浪费钱财。

王旦死后，子弟为他树立墓碑，宋仁宗亲笔题写"全德元老之碑"碑文，以示褒扬他的品德。[①]

八、《朱柏庐治家格言》

《朱柏庐治家格言》，又称《朱子治家格言》《朱子家训》，是明末清初朱柏庐以程朱理学为本，阐述道德观念和道德修养，劝人勤俭治家和安守本分的平民家教教材。（见图 5-6）[②]

---

① 参见毕诚：《中国古代家庭教育》，第 112 ～ 114 页。

② 参见卢正言主编：《中国历代家训观止》，学林出版社 2004 年版，第 377 页。

朱柏庐（1617 ～ 1688 年），名用纯，字致一，昆山玉山人（今属江苏），明末清初著名的理学家和教育家，“昆山三贤”（另二人为顾炎武、归有光）之一。朱伯庐之父朱集璜死于清军攻城之际，因此朱伯庐绝意仕途，居乡教授学生，潜心治学。他晚年辍教著书，博学勤笔，著有《朱柏庐治家格言》《删补易经蒙引》《四书讲义》等。

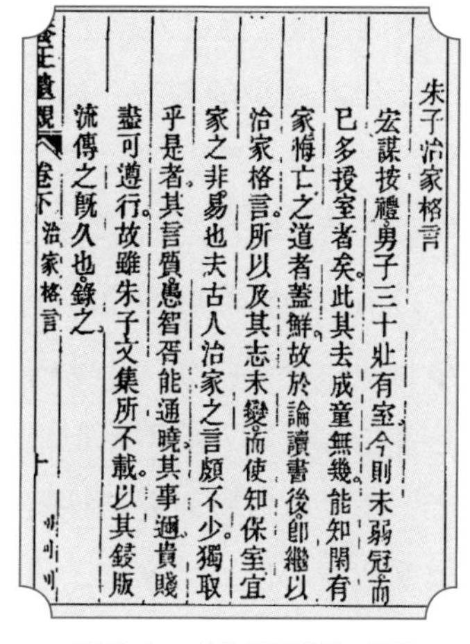

朱子治家格言

宏謀按禮男子三十壯有室今則未弱冠而已多授室者矣此其去成童無幾能知閑有家悔亡之道者蓋鮮故於論讀書後即繼以治家格言所以及其志未變而使知保室宜家之非易也夫古人治家之言頗不少獨取乎是者其言質愚智胥能通曉其事邇貴賤盡可遵行故雖朱子文集所不載以其鋟版流傳之既久也錄之

養正遺規 卷下 治家格言

图 5–6 《朱子家训》书影

《朱柏庐治家格言》全文 500 余字，集中了古代治家教子的名言警句。文字通俗易懂，内容简明赅要，对仗工整，朗朗上口，包含许多治家处世的质朴哲理和有益启示。它所宣扬的治家之道，按其内容来分，有如下几个方面：

勤俭持家的劝诫。如：“一粥一饭，当思来之不易；半丝半缕，恒念物力维艰。”“自奉必须俭约，宴客切勿留连。”“器具质而洁，瓦缶胜金玉；饮食约而精，园蔬逾珍馐。”“居身务期俭朴。”这些格言通俗易懂，意思是说要克勤克俭，精打细算地过日子，不要追求奢侈和虚荣；只要树立勤俭的道德观念，苦日子也会给人幸福的精神享受。因此，“勿营华屋，勿谋良田”。

待人接物的规劝。如：“莫念意外之财。”“与肩挑贸易毋占便宜，见穷苦亲邻须多温恤。”“见富贵而生谄容者最可耻，遇贫穷作骄态者贱莫甚。”“狎昵恶少久必受其果，屈志老成急则可相依。”“轻听发言，安知非人之谮诉，当忍耐三思；因事相争，安知非我之不是，须平心暗想。”“施惠勿念，受恩莫忘。”“人有喜庆不可生妒忌心，人有祸患不可生喜幸心。”“处世戒多言，言多必失。”“守分安命，顺时听天。”这些格言是告诫人们待人要与人为善，多行方便，乐于助人，不要想占别人的便宜，同时在交往上要慎重择友，对于传言要作分析，与人发生矛盾要反求诸己。在接物方面，要大方讲仁义，不要时常想到给别人的好处

能得到回报，但受人恩惠不要忘记报答。

治家修身的教诲。如："黎明即起，洒扫庭除要内外整洁；既昏便息，关锁门户必亲自检点。""宜未雨而绸缪，毋临渴而掘井。""三姑六婆实淫盗之媒，婢美妾骄非闺房之福。奴仆勿用俊美，妻妾切忌艳妆。""祖宗虽远祭祀不可不诚，子孙虽愚经书不可不读。""教子要有义方。莫贪意外之财，勿饮过量之酒。""兄弟叔侄须分多润寡，长幼内外宜法肃辞严。""凡事当留余地，得意不宜再往。"这些格言告诫人们不要把金钱财产看得太重而刻薄父母，更不要见美色而起淫心，不要贪口腹而妄杀牲禽，国家的赋税要及早交纳等。这些都是规劝家长和家庭成员如何处理家庭矛盾的道理，贯穿着"以和为贵"的原则，在内容上包括如何处理敬长教子以及约束妻子言行诸方面，具有浓厚的轻视妇女的礼教性质。①

《朱柏庐治家格言》把中国几千年形成的道德教育思想以名言警句的形式表达出来，可以口头传训，也可以写成对联条幅挂在大门、厅堂和居室，作为治理家庭和教育子女的座右铭。自问世以来，不胫而走，成为有清一代家喻户晓、脍炙人口的教子治家的经典家训，受到官宦、士绅和书香门第的欢迎，被士大夫尊为"治家之经"，清至民国年间一度成为童蒙必读课本之一。

九、《女四书》

中国古代女性教育没有形成制度，社会上也极少有专门的女校，对女性的教育往往是以家教的形式存在和传承。教育的内容不外乎"三从四德"，教材则以《女四书》等为主。

《女四书》是明朝儒家学者王相汇编且笺注的一部女教丛书，包括汉朝班昭

① 参见毕诚：《中国古代家庭教育》，第 153 ～ 155 页。

（见图 5–7）的《女诫》、唐朝宋氏姐妹的《女论语》、明成祖徐皇后的《内训》和王相母刘氏的《女范捷录》。

图 5–7　班昭像

《女诫》是东汉班昭写作的一篇教导自家女性做人道理的私书，包括卑弱、夫妇、敬慎、妇行、专心、曲从和叔妹 7 章。主要是基于古代礼仪与儒家经典阐述女子修身齐家之道，教育妇女柔顺之礼。由于班昭行止庄正，才思飞扬，此文被争相传抄而风行一时。①

《女论语》是唐朝宋若莘仿照《论语》撰写、其妹宋若昭注解的一部女训书籍。它借用《论语》的问答形式，就中国古代女子的言行举止和持家处世事理作出详细规定。全书 12 章，内容包括立身、学作、学礼、早起、事父母、事舅姑、事夫、训男女、管家、待客、和柔、守节。其最大的特点是一改班昭以卑弱、曲从等女子品性划分章节的结构形式，用女性地位与分工来排列篇章的顺序，使得全书显得更加通俗易懂，更加实用。然而，由于从内容到形式大受佛教影响，该书带有较浓厚的佛教色彩。

《内训》是明成祖时徐皇后为了教育宫中妇女，而对古圣先贤关于女子品德的教诲加以整理而成的书。明朝仁孝文皇后徐氏的父亲就是明朝开国功臣徐达。该书共分为 20 章，内容包括女德标准、女德修养、女德规范、母教之黄等方面。流传至今的版本共有德行、修身、慎言、谨行、勤励、节俭、警戒、积善、迁善、崇圣训、景贤范、事父母、事君、事舅姑、奉祭祀、母仪、睦亲、慈幼、逮下、待外戚等。

① 参见阎爱民：《中国古代的家教》，第 230 页。

《女范捷录》是明末儒家学者王相之母刘氏所作。此书分统论、后德、母仪、孝行、贞烈、忠义、慈爱、秉礼、智慧、勤俭、才德等 11 篇，宣扬古代的贞妇烈女与贤妻良母等事迹，称赞《女诫》《内训》诸书，阐发古代女性伦理。

上述四种女子教本，自东汉至明末先后问世和传播，由王相一一加以笺注，于明天启四年（1624 年）由多文堂合刻为《闺阁女四书集注》，成为一套对女子进行传统教育的教材。嗣后翻印此书，简称《女四书》，广泛流传。

《女四书》的主题思想主要体现在尚卑柔、轻才学、重孝道、重母仪四个方面，强调妇德的培养，务使女子养成贞静顺良的德行，在家族中扮演顺妇、贞妻、良母的角色。该书在漫长的历史岁月里被广大女性传播、阅读，直到戊戌变法时期还被列为女子学堂的必修教本。

十、《五种遗规》

《五种遗规》是清朝陈宏谋编纂的家教汇编本，由《养正遗规》《教女遗规》《训俗遗规》《从政遗规》《在官法戒录》组成，取材于自汉迄清约 80 位名臣学者的有关著述，其中宋和明清之作居多，内容包括启蒙、养性、教女、修身、治家、处世、居官、读书、交友以及为官之道等。

陈宏谋（1696 ～ 1771 年），又称弘谋，字汝咨，号榕门，广西临桂（今广西桂林）人，清雍正元年（1723 年）进士，毕生为官，外任 30 多年，到过 12 个省份，官至东阁大学士兼工部尚书。

《养正遗规》是针对当时世俗追慕科举功名和不务求实的风气而编纂的。它主要讲养性、修身、儿童启蒙教育、读书目的、学习方法和态度等，意在使仕宦之家的家教“蒙以养正”。它把朱熹《白鹿洞书院揭示》列为首篇，陈宏谋加按语说：读书要以“明人伦”为基础，着重于孩子道德人格的培养，先学做人，读书的目的也在于造就人的德性，而不是为了猎取科举功名。该书最早的版本

是清乾隆四年（1739 年）刊刻的。

《教女遗规》是有关女子教育的教材，收辑的内容有贞妇、烈女、贤母、贤妻、闺范、母训等，主要是宣扬传统女德。陈宏谋反对历代忽视女子教育的做法，认为女子也可教育，尽管她们自离襁褓就被养护于深闺，不像男子那样可以出外就傅，有学习深造的机会，但是视女子为不必教的观点是十分荒诞的。他以为如果平时父母在以爱心关怀的同时，加以“格言至论、可法可戒之事，日陈于前，使之观感而效法”，是有养“德性之助”的。陈宏谋重视女子教育的理由是：母亲本身有教育子女的义务，妻子有劝谏丈夫的作用，贤妻知书达理，丈夫在外为官就会廉洁清正，这于国于家是有益的。该书在乾隆七年（1742 年）编成并刊行于世，影响很大。

《训俗遗规》也成书于乾隆七年（1742 年），内容比较庞杂，收录王守仁的《告谕》等。[①] 该书汇集古今具有代表性的乡约、宗约、会规，也有大量关于如何训子、如何驭使家奴的经验之谈以及治家格言、名人遗嘱等内容。这本书是编给士大夫子弟及在职地方官员阅读的，旨在使他们知道天下的政治在于以礼义移风易俗，使乡里宗族之间的矛盾冲突和“犯上作乱”的行为消除在未然状态。陈宏谋认为，如果有贤明的官员拿这本书去化导民众，则民众莫不趋善而归化，地方政治自然会有条不紊，秩序井然。

《从政遗规》的成书也在乾隆七年，主要是为做官的人选辑一些可以当作座右铭的箴规和应当仿效的表率人物的言行，内容比较单一，诸如怎样识别官吏好坏，怎样居官谨俭廉公，怎样审理公务不犯错误，怎样动用刑罚才算适当，怎样自省自诫和提高从政素质及个人道德水平等。陈宏谋认为：要改变官场的腐败，使政通人和，关键在于吏治的整顿。吏治的整饬不能单靠刑罚手段，而应当教育从政官员按照古训以及历代清廉正直并多有政绩的表率名臣的言行，

① 参见卢正言主编：《中国历代家训观止》，第 236 页。

修养自己，以尽治人之责。因此，他主张《从政遗规》不仅在职官员要认真学习，身体力行，仕宦之家更应当把它作为家教的内容，使其子弟在入仕之前就受到合格的官员素养训练。

《在官法戒录》成书于乾隆八年（1743年）四月，主要是为在官府衙门任职的胥吏编写的。鉴于中国历代的官僚政治制度存在“官暂吏久”的现象，陈宏谋提出要加强衙门办事的胥吏的教育。地方官由朝廷任派，任期一到即被调走，可是在州县衙门的胥吏（相当于今天的机关工作人员）却长期在衙门供职，他们的好坏优劣直接影响政绩风尚，也直接影响老百姓对政府的人心向背，所以对他们的教育也不可忽视。该书采辑史书中所载的良吏善行和恶吏劣迹并加以评论，目的是让胥吏见善者效法，见恶者引以自戒。同时，他还主张教导胥吏多读书识字，粗知义理，以前人为鉴，明白利害，加强自我修养。①

《五种遗规》问世之后，在士大夫之家广为传习，清末还作为中学堂修身科的教材，是中国古代仕宦之家家教的重要教材之一。

十一、《曾文正公家训》

曾国藩（见图5-8）（1811～1872年），原名子城，字伯涵，号涤生，湖南湘乡（今湖南双峰）人。道光十八年（1838年）进士，此后操练湘军，官至两江总督、直隶总督、武英殿大学士，封一等勇毅侯，谥文正。曾国藩是晚清极为耐人寻味的历史人物，他镇压过太平天国农民起义，被称为“刽子手”；他又与李鸿章、左宗棠等兴办洋务事业，推动晚晴近代化的发展；此外，他还是一名学者，著述颇丰，代表作有《曾文正公集》等。

《曾文正公家训》收录100余篇家书，是曾国藩在咸丰二年（1852年）至同

① 参见毕诚：《中国古代家庭教育》，第170～172页。

治十年（1871年）间写的，反映了他的家教精神与方法。其精神主要是“爱之以其道”，就是说爱子要以健康的教育来塑造他的品德，培养他的才能。其教育方法，概括起来主要有以下几点：

图 5–8　曾国藩像

一是专心致志，读书修身。曾国藩认为大富大贵靠不住，钱财过多也是助长骄奢恶习以致使人身败名裂的祸源，而读书可以变化气质，陶冶性情，由此他反复劝诫他的子孙“莫作代代做官之想，须作代代做士民之想”。他认为，读书明理做人才是家教的真正目的，尤其在乱世中更是上策。自曾国藩兄弟之后，曾家再没出领兵打仗的将领，这不能不说与他的教导有关。

二是力戒奢侈，刻苦谨慎。曾国藩熟读经史，深知来自草莽的“布衣卿相”虽然出身寒门，但他们在艰苦环境中长期磨炼，有吃苦耐劳的毅力和蓬勃向上的进取精神，一旦担当天下大任，就敢作敢为，能成就大事业。而富贵之家子弟骄奢懒惰，养尊处优，胸无大志，以致多数人沦为庸俗之辈，于世无用。因此，他告诫家人“断不可积钱买田”，要求子孙“全靠自己挣扎发愤”。他不仅对男儿这样要求，而且对女子也如此教诲。

三是广博学习，严格要求。曾国藩认为做人和做学问要注意身教，不一味责备子女，而应该以自己的切身体会与子女互相讨论，积极诱导。他在家书中把最大的注意力放在辅导子女的知识学习方面，要求子女广博地学习儒学著作，精通“四书五经”，同时要兼习天文、历史、文字训诂音韵之学、《几何原本》、书画等。他要求儿子除习“十三经”外，还必须把《史记》《汉书》《庄子》《韩文》《文选》《通典》《说文》《孙武子》《方舆纪要》《古文辞类要》以及他本人

所抄的《十八家诗集》等 11 种书作为必读书。在治家学问方面，他要求子女熟读清人张英的《聪训斋语》和康熙的《庭训格言》，并语重心长地告诫子女：他生平在学问上独天文算学毫无所知，是为一耻；每做一事治一业，往往有始无终，是为二耻；写字不能临摹一家之体，屡变而无所成，是为三耻。鉴于他自己的不足，告诫子弟要记住这个教训，认真研习天文历算，做事要善始善终，写字要圆匀敏捷。只有这样，将来有为之日，受用无穷。他不仅在道理上讲明白为什么要这样做，而且还具体指导儿子怎样学，如先学什么，后学什么，态度应如何，凡此等等，仿佛老师站在学生面前口耳相授，耳提面命。

曾国藩位列三公，拜相封侯，位极人臣，然而他非常注重子女的家教，使子孙个个成才。长子曾纪泽是一位出色的外交官，次子曾纪鸿则是一位数学人才，著有《对数详解》《圆率考真图解》等书，后代子孙曾宝荪、曾约农都成为大教育家和大学者。[①]

① 参见毕诚：《中国古代家庭教育》，第 190 ～ 193 页。

第六章 教学内容

原始教育活动起源于人类适应社会生活的需要和人类自身身心发展的需要，是人类社会存在和发展的必要条件。远古时期，教育内容主要有五部分：生产劳动教育、生活习俗教育、原始宗教教育、原始艺术教育、体格和军事训练。这些内容都直接与原始社会的生产和生活实践密切相关。

夏朝时的教学内容与其政权性质有直接关系。为适应镇压本部落的反抗和征伐其他部落的政治需要，夏朝非常重视军事教育，弓箭是教学的主要内容，铜兵器，如青铜戈、钺和刀也是军事教育不可或缺的工具。宗教教育是另一项教学内容，这种教育以敬天尊祖为中心。此外，人伦道德教育是学校教育的重要内容。

商朝时，“孝”成为贵族最强调的道德准则。遵守孝道才能继承王室，不遵守则会受到制裁，以孝为中心的思想教育是其教学的重要特点。与夏朝类似，商朝也需要依靠武力维持统治，以排除外邦的侵扰，扩展自己的领土，所以射箭和驾车等军事技能成为学校教学的重要内容。商人迷信鬼神，经常举行祭祀活动，祭祀离不开礼乐，因此礼乐也是教育的内容之一。随着天文历法的改进和使用甲骨占卜的需要，数学和读写也被纳入教学内容。

西周所有的学校都以六艺为基本学科，只是在要求上有层次的不同。在家庭教育中，从小就进行基本的生活技能和习惯教育，如取食物用右手等。在小学教育中，教育内容为德、行、艺、仪几方面，特别强调德行教育，这些都是贵族道德行为准则和社会生活知识技能的基本训练。在大学教育中实行分科教学，以礼乐为重，射御次之。礼乐与祭祀有关，射御与军事有关。大学教育的内容，直接服务于西周政务的两个方面，“国之大事，在祀与戎”。

春秋战国时期，官学衰废，私学兴起。官学是政教合一、官师合一的，政治组织的活动也即教育活动的内容。官学的教育内容限于传统的六艺，灌输的是传统的政治观念和道德思想，偏重于历史文化，教育内容脱离现实生活。私学的教育内容突破传统的六艺，传授各学派的政治观点、道德思想和新的知识、

新的技能，其教育内容与大变革时期的现实生活有比较密切的联系。

汉朝时，儒学获得独尊地位。无论中央官学还是地方官学，传授的知识都是单一的儒家经典。在私学中，书馆进行识字教育及读写训练，经馆主要讲儒家经典，两者都与官学的教学内容相对接。

曹魏和两晋尊崇儒学，注重文教事业，除了在太学中传授儒学外，还办有律学、医学等，传授专科知识。这也是南北朝教学内容的缩影：既重视儒学，又重视专科知识。由于这一时期政局动荡，统治者的权力控制显得松弛，这为儒学之外的其他内容进入教育提供了机遇。同时，崇尚自然的玄学注重人生内在价值的把握，关注个性的发展，更适应动荡的局面，也是学校教育的重要内容。

隋唐时期，学校系统较为完备。一方面，儒学经典是主要的教学内容，文词、史学等得到传授；另一方面，开设众多的专科学校传授专门知识，如崇玄馆讲授道家的《老子》《庄子》《文子》《列子》等，医药学则学习医、针、按摩、咒禁、药师等各类专业技术知识。

宋辽金元时期，蒙学主要教授洒扫、应对、进退之节，爱亲、敬长、隆师、亲友之道，礼、乐、射、御、书、数之文；官学主要学习儒家经典及《内经》《道德经》《庄子》《列子》等道家之学；专科学校分别学习武学、律学、医学、算学、书学、画学等。这一时期的特色是民族学校的设立，如金朝设立的女真国子学和元朝设立的蒙古字学，专门培养女真族和蒙古族人才，旨在发展本民族文化。

明朝时，官学以孝弟、礼仪、忠信、廉耻为本，以“六经”、诸史为之业，教授《易》《诗》《书》《春秋》《礼记》《大学》《中庸》《论语》《孟子》，宗学教授《皇明祖训》《孝顺事实》、“四书五经”、《通鉴》《性理》，武学则教授《武经七书》。

清朝崇尚儒家经术，提倡程朱理学，教学内容基本沿袭明朝，各级官学都以“四书五经”为主要教学内容。作为少数民族建立的政权，清朝的教学内容

也有时代特色：一是重算学，朝廷挑选资质聪明的八旗官学生以及汉学生学习算学，他们学成后从事天文工作。二是重俄语，当时设立俄罗斯文馆，培养俄语人才。三是设立八旗官学，传授满书、汉书和骑射。

因此，中国古代的教学内容以春秋战国为界，大致可以分成两个阶段：夏商与西周时期，教育内容的军事色彩比较凸显，祭祀和礼乐同时得到重视。从汉朝开始，儒学逐渐取得统治地位，一直到清末，它始终是历朝历代教学的主要内容；从元朝开始，儒学的新形态——程朱理学成为学校教育的首要内容。儒学之外，基础文化知识和专科知识贯穿于不同的朝代，少数民族知识则随着几个少数民族政权的建立而得到教授。

一、文化知识

文化知识主要是针对蒙学阶段而言。蒙学属基础教育，在这个阶段要严格要求，打好基础，为儿童日后的成长和发展作好铺垫。文化知识的掌握即是其中的重要方面。按照教材内容侧重点的不同，儿童要掌握的文化知识有五个方面：

识字教育，主要是教儿童识字，掌握文字工具，这是儿童开始正式学习的主要内容（见图 6–1）。现在所能看到的最早的识字课本是汉朝人史游所编的《急就篇》，后来逐渐产生《三字经》《百家姓》《千字文》及各种杂字类的以识字为主要内容的课本，种类非常多，其中有不少在各种经籍志中都有所著录。

道德教育，主要是传输伦理道德知识和道德观念，培养儿童良好的道德行为。古人在这方面用心良苦，无论教师还是父母都非常重视儿童人品、志向的培养。有关初级道德修养内容的图书大量涌现，如《弟子职》《弟子规》《孝经》以及各种家训，最具代表性的是历代所编的家训。虽然不同时期的价值观念不尽相同，但做人的基本原则是一致的。

图 6–1　明・陈洪绶《授徒图》

诗文技巧，主要是训练和指导学童的写作能力，相应的教材有《对类》《笠翁对韵》《神童诗》《千家诗》和颇负盛名的《唐诗三百首》《文章正宗》等。许多图书对文章和诗词的选择非常讲究，从字的音、义到文章的结构都有清晰的注解和评说，有关重要的句子和章节还加圈点或者画线，这些无论对学生理解问题、辨析问题还是对于写作水平的迅速提高都有着非常重要的作用。

历史知识，主要是向儿童讲授历史故事和历史人物的嘉言懿行，同时进行思想教育。教材有以介绍人物故事为主的，如《龙文鞭影》；有以介绍历史演进为主的，如唐李翰的《蒙求》及宋王令的《十七史蒙求》、胡寅的《叙古千文》和黄继善的《史学提要》。

名物和自然常识，主要是为增加学生知识层面，涉及天文、地理、鸟兽、草木、衣服、建筑、器具等。教材的选材比较广泛，每种图书的侧重又有所不同，如宋方逢辰的《名物蒙求》，以介绍名物制度和自然常识教学为主。

上述知识侧重点虽然不同，但又都是互相关联的，都包含自然、社会、历史、人生等多方面知识。历代编选的蒙学读物几乎每一种都具有这个特点，这也是中国传统蒙学教育的一大特色，贯穿于蒙学教育的整个过程，以达到《易经》“蒙以养正”的目的，为儿童以后的学习和做人奠定基础。

二、道德教育

中国历来高度重视道德教育，它既是传统教育的重要特征，也是传统教育的主要内容，一般的文化知识教育要服从于道德教育的需要。

中国道德教育从氏族社会末期开始，经过 2000 多年的发展，已经历史性地积淀下来一些具有基本价值的信条。从内容来看，道德教育以人们的思想品德教育为主，强调修身正己和纲常礼仪。

修身教育是让人们寻找修炼身心的途径的教育，在古代教育中占有重要地位。修身突出的是自我教育或自我修养，它通过自我对社会价值理念和行为规范的理解体悟，从内心生成按照社会要求做事的自觉性。在思想政治教育的过程中，统治者告诉人们：修身是成人之本。“修身、齐家、治国、平天下”突出强调修身的根本价值，只有修炼好自己，才能成大事；而要成大事者，就必须从修炼好自己开始。修身的内容包括立志、为学、重行、改过、自省、慎独、重微、日新等。立志，即确立高尚、远大、明确的奋斗目标；为学，即学习文化知识和道德伦理知识；重行，即高度重视道德伦理知识的实践；改过，即自觉、勇敢、及时地改正自己的错误；自省，即反省自己的错误和不足；慎独，即在独处的情况下也要遵守道德；重微，即重视生活中细微的小善和小恶的道德价值；日新，即不断进步，不满足于已有的成就。

纲常礼仪教育是中国古代社会思想政治教育的主线。社会得以运行的基本条件之一是社会生活中要有一套规范来约束人们的行为。没有规范的约束，社会生活就不能正常运转，社会秩序就无法保证。所谓纲常，即“君为臣纲，父为子纲，夫为妻纲”(“三纲”）和“仁、义、礼、智、信”（“五常”），是中国古代社会经过长期积淀和总结提炼出来的处理上下尊卑关系和人际关系的基本准则，类似于现代社会中的道德原则或原则性的规范。礼仪规范包括礼仪和规范

两个部分，前者是社会生活中方方面面的礼仪的规定，后者则是社会生活中带有强制性的要求。礼仪是告诉你应该怎么做的规范，规范是告诉你不应该做的事及所要承担的后果，二者分别从不同方面对人们的行为进行约束。从西周的萌芽阶段到西汉的完善阶段，中国古代社会的思想政治教育一直都是以纲常和礼仪规范作为基本内容，而中国古代社会之所以能够延续2000多年，与纲常礼仪教育的深入与普及不无关系。①

三、写作训练

从唐开始，科举制成为读书人进入仕途的主要途径，它代表着国家意志，体现了社会的主流价值观，决定着人才培养、人才考核和人才推举的标准，对读书人有着塑造性的外在规定作用，对文章创作的文体有风向标的作用，催生了大量探讨古文文法的文章选本。

《昭明文选》，简称《文选》，南宋梁昭明太子萧统编选，60卷。《文选》是我国现存最早的诗文总集，分赋、诗、骚等38类，共700余篇。它选了自先秦至梁，除无名氏外的129位作家的诗、文、辞、赋等作品。它不选“六经”、诸子，选编的作品多是骈文，反映了当时的文学风尚。《文选》的选文及分类安排偏重于应用文，很清楚地表明《文选》所针对的读者对象是应试的举子，也难怪在隋唐以后的科举考试中，《文选》几乎被当作教科书。

《古文关键》，宋吕祖谦编，2卷。吕祖谦（1137～1181年），字伯恭，学者称“东莱先生”，南宋婺州（今浙江金华）人，宋孝宗隆兴元年（1163年）进士，复中博学词科，授太学博士，官至著作郎兼国史编修。《古文关键》选

① 参见傅琳凯：《中国古代思想道德教育内容方法及其现代借鉴》，《思想教育研究》2011年第4期。

录韩愈、柳宗元、欧阳修、曾巩、苏洵、苏轼、张耒等人的文章60多篇。内容分三部分：首先是全书的纲领《看文字法》，包括阅读研习古文的一般原则，有所谓的“看大概主张”“看文势规模”“看纲目关键”“看警策句法”等“四看”；其次分别列出韩文、柳文、欧文、苏文以及诸家文的看法，众家文风不同，相应的看法亦异；最后为《论作文法》和《论文字病》，详细罗列作文中的注意事项和应当避免的弊病。该书的出发点是示人门径，为举子应对科举考试，在评注中指出命题、布局之关键，故以“关键”为书名。《古文关键》一出便博得广大士子的喜爱和文坛的推崇。

《文章轨范》，谢枋得编，7卷。谢枋得（1226～1289年），字君直，号叠山，别号依斋，南宋信州弋阳（今江西弋阳）人，宋理宗宝祐四年（1256年）进士，历官建宁府教授、江东制置使，文章奇绝，学通“六经”，带领义军在江东抗元，被俘殉国，作品收录在《叠山集》。《文章轨范》前两卷题为“放胆文”，后五卷题为“小心文”，选录汉、晋、唐、宋之文共15家69篇，韩愈的文章几乎占一半。在七卷卷首总评中，谢枋得四次提到了本书的编选目的在于指导为学子科举。选文按学习写作循序渐进的顺序排列，评点注意释明句意和段落大意，重视修辞法，并且点出关于写史评的技法。

由于朝廷对由科举进入仕途的读书人待遇非常优厚，多数人为了改变命运纷纷投入科举大潮，极大地扩大了读书人群体。他们对文章选本的需求，又激发了文章选本的编纂，并加速了它们的流传。

四、专业知识

从汉朝开始，中国古代设有不同种类的专科学校，传授不同的专业知识。学校的种类不同，专业知识也相差悬殊。

算学主要是学习与土地测量、历法推算、水利和建筑工程等实际问题相互

联系的知识,使用的教材有《五曹》《九章算术》《海岛》《张丘建算经》《夏侯阳》《周髀算经》《五经算》等。由于算学在唐宋时期是科举考试科目，朝廷还组织校订算学教材。唐朝时，李淳风、梁述等校订《五曹》《孙子算经》等 10 部算经，刊定注解，立于官学。宋神宗元丰七年（1084 年）也刊《算经十书》于秘书省，供学生学习。

医学主要学习医学方面的知识。由于古代医学还没有分科，医学的学习内容既有共通的，如《神农本草经》《甲乙经》《脉经》是每科必修的内容；也有各科专门的知识，如唐朝的耳目口齿科与角法科学习《素问》《黄帝针经》《明堂脉诀》《神针》；此外，有些科还要具备实践能力，如掌握人体经脉孔穴之道，辨别浮沉涩滑之候，以针灸手术治疗疾病。

武学主要是学习兵学知识。时代不同，所学的内容有所差异。唐朝时学习诸家兵法、弓矢骑射等术，历代用兵成败的经验教训，以及前世忠义之节足以为训者等等。宋朝时主要学习步射、马射、马上武艺、孙吴兵法、时务边防策、律令等。明朝，武学内容分两类：一类是“四书”，即《中庸》《论语》《孟子》《大学》，另一类是“五经”“七书”、百将军传，学生在各类书中任选一种，必须通晓大义。清朝时则分为术、学两科，术科包括试骑、射、步、战，学科学习儒家的《论语》《孟子》和兵家的《孙子》《吴子》及《司马法》。

律学主要是学习断案、律令、古今刑书和新颁条令。此外，唐朝时还要选学“大经”（《礼记》《春秋左氏传》）、“中经”（《诗》《周礼》《仪礼》）、“小经”（《易》《书》《春秋公羊传》《穀梁传》《孝经》《论语》）。

书学主要是学习书法艺术。其内容包括两类：一类是书法方法的专业知识，教材有《石经》三体、《字体》等；另一类是儒家典籍，如《论语》《孟子》等。

画学主要是学习绘画。其内容也包括两类：一类是专业知识，如佛道人物、山水、鸟兽、花竹、屋木的绘画技法；另一类是《说文》《尔雅》《方言》《释名》等书。

此外，玄学需要学习道家道教知识，教材有《道德经》《庄子》《文子》《列子》。阴阳学主要是学习天文、历法、术数和漏刻等，教材有《占算》《三命》《五星》《周易》《六壬》《数学》等书。

综合起来看，不同种类的专科学校的教学内容一般包括三个方面：一是儒家经典。这是任何形式的教学机构都必须教授和学习的，专科学校也不能例外。二是专业知识。学科不同，学习的专业知识也不同，这体现了专科的特色，也是专科学校不同于一般学校的地方。三是实践能力。学习儒家经典以具备伦理道德，学习专业知识以获得专业理论，这两部分内容对专科学校的学生来说只是完成学业的知识要求，要想考核过关的话，还必须培养和掌握相应的动手能力，如学绘画的学生必须会画画，学算学的学生必须会测量，学书学的学生必须会书法。具备这三个方面，学生才算是从专科学校毕业。

五、六　艺

“六艺”是西周大学的教学内容，包括德、行、艺、仪四个方面，以礼、乐、射、御、书、数为基本内容，称“六艺”。

礼是政治伦理课，是大学中最重要的课程。它包含从政治制度、经济、军事到社会生活一切方面的法律和道德规范，适应了西周宗法等级世袭制度的需要，是立国的准绳，具有国家根本大法的性质，关系到国家的前途与命运。贵族子弟学会礼，在政治活动、外交活动及道德生活中，行动才合乎规范，站稳贵族的立场，显示贵族的尊严，有利于任官和治民。大学中所教的礼是贵族生活中所常见的五礼：吉礼、凶礼、宾礼、军礼、嘉礼。吉礼讲祭祀，以敬事邦国鬼神；凶礼讲丧葬凶荒，以救患分灾，哀悼死亡；宾礼讲朝会过从，使诸侯亲附；军礼讲兴师动众，以征讨不服；嘉礼讲宴饮婚冠等喜庆活动，以亲万民。习礼仪，不能只讲礼典，还要实学实习，反复练习。所以说礼是政治伦理道德教育课。

乐是综合艺术课。西周大学由大司乐主持乐教，以乐德、乐语、乐舞教育贵族子弟。所谓“乐德”，包括中和（言出自心，不刚不柔）、祗庸（见神示敬、接事以礼）、孝友（孝顺父母、友爱兄弟）。所谓“乐语”，包括兴道（以物喻事，引古刺今）、讽诵（背熟文词，吟诵有韵）、言语（直叙己意，答人论难）。所谓“乐舞”，包括云门、大卷（黄帝乐）、大咸（尧乐）、大磬（舜乐）、大夏（禹乐）、大濩（汤乐）、大武（武王乐）等六代乐舞，又称“六乐”，这是“大舞”，是大学学习的主要内容。云门、大章、大韶、大夏属于文舞；大濩、大武属于武舞。这些乐舞用于不同的场合，其中大武是周代国乐，实际上是以周武王克殷为题材的大型歌舞剧。大武曲调早已失传，而乐词基本上保存在《诗经·周颂》里，传说可能为周公所作。大武乐舞是西周大学教育的重要内容，贵族子弟都要学习。

射与御是军事训练课。射指射箭，御指驾车。当时的战车是重兵器，一般来说每辆战车有甲士 3 人——左持弓，右持矛，中驾车，车马步卒 72 人跟着。要掌握战车的战术必须学好射、御这两种武艺。（见图 6–2）

书与数是基础文化课。书指书写文字，数指计算、算法。西周小学教育从识字、书写开始。《礼记·内则》提出“九年教之数日”“十年学书计”，所谓“数日”即认识、背诵由天干地支组成的六十甲子，“学书”即学习书写六十甲子，认识与书写方名（东、南、西、北方之名）。在当时辨别方向主要依据天象。当时人们多

图 6–2 《观乡人射》（清·孔宪兰《孔子圣迹图》之二十四）

用日出日入的日影、日中时的日影和晚上的北极星的方位等来确定方向。西周已有供小学文字教学的字书《史籀篇》，这是中国古代教育史上记载最早的儿童识字课本，今已失传。[①]

综合看来，“六艺”既重视思想道德，也重视文化知识；既注意传统文化传递，也重视实用技能的训练；既重视文事，也重视武备，是西周教育的特征和标志。但是，六艺忽略生产知识和自然科学知识，给后世教育带来不利影响。

六、五　经

“五经”是指《易》《书》《诗》《礼》《春秋》五种儒家典籍，它们在中国古代社会中作为经典来遵奉，都属于经书之列。（见图 6–3）

图 6–3　《退修〈诗〉〈书〉》（清·焦秉贞《孔子圣迹图》）

“五经”所包括的典籍在秦朝以前就有，不过开始的时候还不称“经”，把它们称为“经”是从汉朝开始的。

《易》是一部卜筮之书，据说是从西周传下来的，所以又叫《周易》。它分为“经”和“传”两部分:“经”又分“上经”“下经”两篇，“上经”包括从“乾”到“离”30 个别卦;“下经”包括从“咸”到“未济”34 个别卦。“传”包括《文言》《彖传》上下、《象传》上下、《系辞传》上下、《说

① 参见郭齐家：《中国古代学校》，商务印书馆 1998 年版，第 28 ～ 32 页。

卦传》《序卦传》《杂卦传》，共 7 种 10 篇，总称“易传”，又称“十翼”。“经”和“传”实质上是两种性质不同的材料。“经”（64 别卦及其卦辞、爻辞）萌芽于远古而编成于西周早期，反映了殷末周初这段时期的思想。“传”(“十翼”)是从战国开始撰集而完成于汉初的哲学理论汇编，反映了从战国到汉初这个时代的思想。

《书》是一部上古史料汇编，又叫《尚书》。“尚”是“上代”的意思，“尚书”就是“上代的文书”。内容大体包括三个部分:一是君主对臣民的训词或誓词，二是臣下对君主的劝告或建议，三是其他古史传说资料。《尚书》是研究中国古代社会的宝贵史料，但由于儒家学派按照自己的政治理论来解释这些古史资料，1000 多年以来，《尚书》又成了古代帝王的施政总纲。

《诗》是上古的一部诗歌集，又称《诗经》，因共有 305 篇诗，所以又称“三百篇”。这些诗的产生时代上自殷末周初，下迄春秋中叶，大体在公元前 11 ～前 6 世纪之间。内容包括风、雅、颂三部分:风是地方歌曲的意思，主要是从各诸侯国（共有 15 个地方）征集来的民歌，所以又叫“国风”。雅就是正规乐曲的意思，又分“小雅”“大雅”，合称“二雅”，大多是朝会、饮燕、典礼等正式场合演唱的诗歌。颂就是赞颂曲（颂歌）的意思，有“周颂”“鲁颂”“商颂”三类，合称“三颂”。“周颂”大体是西周的祭歌，“鲁颂”是春秋时代鲁国的祭歌，“商颂”是殷商后人（宋国）保存下来的祭祀先祖的祭歌。

《礼》在汉朝的“五经”里指《仪礼》，主要讲士大夫阶层的礼仪，所以叫《士礼》，晋朝始称《仪礼》。此外，还有两部讲“礼”的书：《周礼》和《礼记》。东汉末年，学者郑玄给这三部礼书作注，合称“三礼”，都取得了“经”的地位。从此，“礼经”这一专用名词就不常见了。唐朝称“五经”时，《礼》指《礼记》;称“九经”时，则包括“三礼”。也就是说，唐朝以后“三礼”虽然全部正式列入经书，但不称《礼经》，只说它们的本名，或者合称“三礼”。

《春秋》是鲁国的史书，它记载从鲁隐公元年（前 722）到鲁哀公十四年（前

481年）242年间鲁国和其他诸侯国以及周王室的重要事件。中国历史上把这一时期叫作“春秋时代”。《春秋》这个名称不常用，也很少单行本，大多数情况下和它的注解本《左传》《公羊传》《穀梁传》分别合编在一起的（只有南宋监本《春秋》单刻）。它们的全称是《春秋左氏传》《春秋公羊传》和《春秋穀梁传》，合称“三传”。“左（氏）”“公羊”“穀梁”是作者的姓氏，都是秦朝以前的人。东汉以后，《左传》流传最广，影响最大，到唐朝以后一说《春秋》，通常就同时包括《左传》，甚至主要指《左传》。

“五经”的内容涉及文学、史学、哲学、政治、经济、教育、伦理、道德、天文、地理、艺术、科技等各个方面，在中国文化的发展进程中占有非常重要的地位，也是研究中国文化史的宝贵资料。[①]

七、四　书

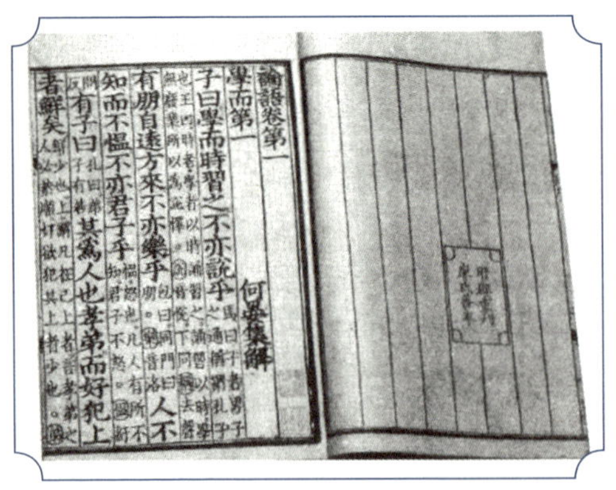
論語卷第一
學而第一　何晏集解
子曰學而時習之不亦說乎
有朋自遠方來不亦樂乎人不
知而不慍不亦君子乎
有子曰其爲人也孝弟而好犯上
者鮮矣

图 6-4　《论语》书影（元刻本）

“四书”是指《大学》《中庸》《论语》（见图 6-4）《孟子》这四种著作。《大学》是《礼记》中一篇，论述在古代的“大学”阶段如何学习修身、治国之道的文章，作于汉初。旧说《大学》是孔子的学生曾参作的，而曾参又是从孔子那里听来的，所以朱熹作《大学章句》就把这篇文章的第一大段总论部分作为“经”，说它是“孔

① 参见李思敬：《五经四书说略》，商务印书馆 1996 年版，第 2 ～ 3 页。

子之言而曾子述之”。又把后边进一步阐述总论的文字分成十小段，让它们充当“传”。经朱熹这样一安排，《大学》就穿上“圣经”的外衣。《大学》阐明了大学教育的目标：“在明明德，在亲民，在止于至善。”“明德”的意思是固有的真纯的德性。儒家认为仁义等德性都是人固有的，本来很纯净，后来被各种私欲蒙蔽，就失去光彩。所以大学教育就要使人觉悟起来，让本来很纯净的德性焕发光彩。据宋儒的解释，“亲”就是“新”，也就是革新。“亲民”的意思是使民众的品德不断进步，日新月异。“在止于至善”的意思是达到最高的道德境界。这就是旧时所谓的《大学》“三纲领”。要想实现“三纲领”，主要解决八个关键问题：“格物、致知、诚意、正心、修身、齐家、治国、平天下”。这就叫“八条目”，简称“八目”。“八目”之中，以修身为关键。从“修身”起，向内认识，就是“正心、诚意、致知、格物”。向外推广，就是“齐家、治国、平天下”。

《中庸》是《礼记》里的另一篇文章，旧说是子思所作，实际上可能是汉初人写的，讲的是儒家处世哲学，后来传给孟子。“中庸”是儒家特有的概念。“中”就是不过分、不欠缺；“庸”就是不突出、不失常。儒家认为对人对事应该本着这样的原则去做，掌握最佳状态，恰到好处，也就是俗话说的“不温不火”“火候正好”，这就称“中庸”。《中庸》要求人不超越自己的地位、名分行事，要安分守己，一切听任天命（也就是秩序）的摆布而不能反抗，只有这样才算合乎中庸之道。所以《中庸》又引孔子的话说：“君子中庸，小人反中庸。君子之中庸也，君子而时中（时刻掌握行为的分寸）。小人之反中庸也，小人而无忌惮也！”其实质就是叫人不得越轨，不得犯上，于是古代社会便可以长治久安，万古长存。①

《论语》是孔子和一些孔门弟子的言行录，是在孔子死后的战国初期（前

① 参见李思敬：《五经四书说略》，第 152 页。

400 年左右），孔门弟子根据保存下来的孔子谈话记录整理编集的。通过孔子和弟子们的谈话，后人可以了解孔子的天命观、道德观、政治观、教育观等，同时还可以看出，所有这些观点中都贯穿着一个最本质的思想，那就是“仁”。

《孟子》是以孟子的学生万章、公孙丑平时笔录的孟子言论为基础而加工编定的。全书文气浩荡，风格一致，是出于孟子的润饰，对孟子会见的诸侯一概称谥号（人只有死后才有谥号），应是后来的改笔。孟子认为人性本善，强调个人人格完善的作用，主张实行仁政而成王道，其学说与孔子学说一起，称“孔孟之道”。

上述编著来源不同,《大学》和《中庸》本来是《礼记》里的两篇文章,《论语》是孔子去世后汇编的孔子言行录,《孟子》是记述孟子政治思想的书，在北宋以前的地位并不突出。南宋理学家朱熹把《大学》和《中庸》分别独立出来加以注解，并且和《论语》《孟子》合编为一套小丛书,作为学习儒家经典的初级教材,称《四书章句集注》，简称《四书》，在元、明、清三朝成为学校的必读书目，也是科举考试的必考内容，并逐渐与“五经”相提并论，称“四书五经”。

八、十三经

“十三经”是指《周易》《尚书》《诗经》《周礼》《仪礼》《礼记》《春秋左传》《春秋公羊传》《春秋穀梁传》《论语》《孝经》《尔雅》和《孟子》13 部典籍。除《孝经》和《尔雅》外，其他 11 部都包含在“四书五经”中。

《孝经》的成书时代在《孟子》以后,《吕氏春秋》以前,大约在公元前 3 世纪，传说是孔子所作。该书分 18 章，共 2000 字（今文《孝经》内容 1799 字，加标题共 1903 字），以孝为中心，按等级地位，将孝分为天子、诸侯、卿大夫、士、庶人五等，肯定孝是上天所定的规范，对孝的内容、价值和意义作了全面阐述。它还把忠与孝联系起来，认为忠是孝的发展和扩大，主张以孝为忠等。自汉朝

之后，各朝皇帝都把《孝经》视为治世圭臬，利用它教育子民、传播孝道、巩固宗法家长制度、维护王权统治。

《尔雅》的作者及成书时间历来说法不一，今人多认为此书非成书于一人一时之手，是秦汉学者集体编撰而成。今本《尔雅》19篇，分别为释诂、释青、释训、释亲、释宫、释器、释乐、释天、释地、释丘、释山、释水、释草、释木、释虫、释鱼、释鸟、释兽、释畜，共收词4300多个，13000余字。《尔雅》所收的内容极其丰富，其中释诂、释言、释训3篇主要是对古代汉字、词语的解释，后16篇则主要是对各种百科知识、器物名词的解释。《尔雅》首创按内容性质分类释词的体例，它的释义简单明了，保留许多古注古义，对后世训诂学的发展和研究先秦史籍及秦汉古书具有重要的参考价值。

“五经”当中，《礼》有“三礼”，《春秋》有“三传”，如果分开单算，“五经”实际上包含九种典籍，所以到唐朝就出现“九经”的说法。唐朝科举的“明经”科考的就是这“九经”，只不过是从中任择一经，并不全考。唐文宗开成年间（836～841年）曾经刻了一部石经，立在太学里作为标准的经文。在“九经”之外，又增加《孝经》《论语》和《尔雅》三书，共12种经书。到宋朝，《孟子》又被列入经书。至此，经书共13种，儒家的经典集结完毕，以后没有增加。虽然宋朝已经有“十三经”的事实，但还没有形成“十三经”这个专有名称，一直到明朝汇刻《十三经注疏》和《十三经古注》，才正式有“十三经”的名称。

“十三经”是儒家文化的重要经典，是汉代以后教育的主要教材。在“十三经”中，不同的阶层都能试图找到适合自己需要的内容：统治者想找出治国平天下的锦囊妙计，老百姓想找出修身齐家的规范、伦理道德。同时，明清以后，因为科举考试的八股文全从“十三经”里面出题，所以全社会都学习“十三经”，提高了“十三经”在民间的地位。上至皇帝，下到百姓，都把“十三经”看作民风民俗的导向，是生活中必须服从的规章。“十三经”对全社会的影响无处不在，无论是学富五车还是粗识文字，几乎每个人都或多或少地知道一些“十三

经”。如果要了解、学习和研究中国政治、历史、文化，就不能不仔细思考、阅读“十三经”。

九、三百千

“三百千”是古代流行广、影响很大的三本蒙学教材《百家姓》《三字经》与《千字文》的合称。

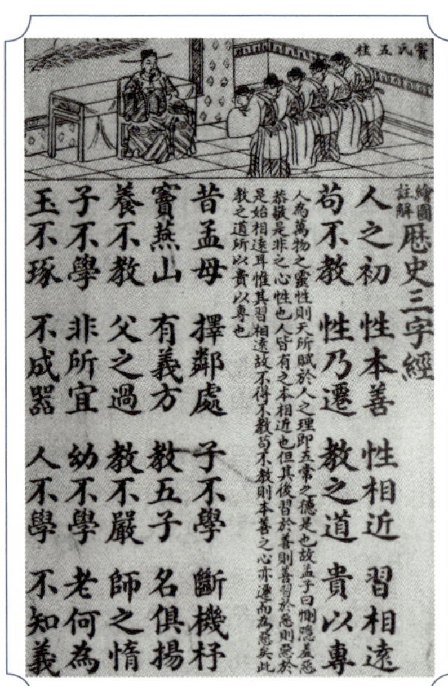
竇氏五桂

繪圖註解歷史三字經

人之初 性本善 性相近 習相遠
苟不教 性乃遷 教之道 貴以專

人為萬物之靈性則天所賦於人之理即五常之德是也故孟子曰惻隱羞惡恭敬是非之心性也人皆有之本相近也但其後習於善則善習於惡則惡於是始相遠耳惟其習相遠故不得不教苟不教則本善之心亦遷而為惡矣此教之道所以貴以專也

昔孟母 擇鄰處 子不學 斷機杼
竇燕山 有義方 教五子 名俱揚
養不教 父之過 教不嚴 師之惰
子不學 非所宜 幼不學 老何為
玉不琢 不成器 人不學 不知義

图 6–4 《三字经》书影

《三字经》（见图 6–4）是蒙学教材中最有代表性的一部书，相传是宋王应麟（1223 ～ 1296 年，字伯厚，今浙江宁波人）编撰。全书 1200 余字，基本上由六个部分组成。第一部分讲教与学，如“养不教，父之过；教不严，师之惰。子不学，非所宜；幼不学，老何为。玉不琢，不成器；人不学，不知义”等。第二部分讲伦常。第三部分讲四时、五行、六谷、六畜名物，如“稻粱菽，麦黍稷，此六谷，人所食；马牛羊，鸡犬豕，此六畜，人所饲”等。第四部分讲小学、四书、六经等基本知识。第五部分陈述历史。第六部分讲一些历史人物发愤读书的故事，如“头悬梁，锥刺股，彼不教，自勤苦，如囊萤，如映雪，家虽贫，学不辍”等。全书结构严谨，文字简练，概括性极强。内容大都采用韵文，每三字一句，四句一组，句句押韵，像一首诗，读来朗朗上口；通俗易懂，便于记忆，可以用来教育子女，又能启迪心智。当时人觉得该书内容很好，纷纷翻印，因此广为流传，历久不衰。

《百家姓》本是北宋初年钱塘（今浙江杭州）的一个书生所编撰的蒙学读物。全书虽然只有 400 多字，但是把没有意义的姓氏连贯起来，让儿童读起来不觉得枯燥乏味，其功劳不能不归结于句句押韵、和谐流畅、易学易记的四言体的语言特点。宋、元、明、清几个朝代都将其用作蒙学识字教材。《百家姓》在社会上广为传播，达到家喻户晓程度，即使不识字的人也能背上几句。《百家姓》在编写上的优点，使得后来各种《百家姓》的改编本终不能流行开来，即使像清康熙《御制百家姓》以政府的力量加以推行，也没有撼动原本《百家姓》的地位。

《千字文》是南朝梁武帝萧衍在位时，梁朝散骑侍郎、给事中周兴嗣（469～521年，字思纂，今河南沈丘人，史学家）编成的。它在“三百千”中虽排在最后，但其成书时间最早，也是“三百千”中唯一知道确切的成书时间和作者的一部书。它拓取王羲之遗书中 1000 个不同的字，编为四言韵语，以“天地玄黄，宇宙洪荒”开头，依次叙述有关天文、博物、历史、人伦、教育、生活等方面的知识，是以识字教育为主，兼有思想教育和常识教育的综合性课本。该书自隋朝开始流行，是中国历史上流传最久的蒙学课本。

这三本蒙学教材在各自流传过程中，逐渐成为相辅相成的配套的启蒙识字教材，一直流传到清末，于是有了“三百千”的称呼。后来，蒙学类教材大有发展，如元朝虞绍的《日记故事》、明朝萧良友的《蒙养故事》（后经杨臣诤增订改名为《龙文鞭影》）、清朝李晖吉等续编的《龙文鞭影二集》、丁有美的《童蒙观鉴》以及《二十四孝图说》等，均先后在平民之家的小学和塾学中使用。

十、程朱理学

程朱理学是指以程颢、程颐兄弟（见图 6-5）和朱熹为代表的宋朝理学家对儒学的新解释，它是元、明、清三朝学校教育的必修教科书，也是科举考试的依据，

图 6–5　程颢、程颐像

反对它会遭到严厉的惩罚。

宋朝的儒学是新的儒学，由于它以“天理”为本体和至善，所以称为“理学”。在理学形成与发展过程中，不同的思想家均做出了重要的贡献。周敦颐（1017～1073年，字茂叔，号濂溪，今湖南道县人）开辟新儒学的方向，张载（1020～1077年，字子厚，今陕西眉县人）建立理学的基本框架，二程为理学戴上醒目的皇冠，朱熹则集理学之大成。在这些理学家中，二程与朱熹的地位尤其凸显。

二程着力阐发天理论，“天理”是其理论体系中最重要的概念。世界上有气有理，气就是阴阳，阴阳的推移消长形成世界万物的运动变化，生生灭灭。气之所以能够如此，是因为在它之中有一个“理”起支配作用。理总是与气结合在一起。气是有形的，是形而下的东西；理是无形的，是形而上的东西。理是气的所以然，是气的根据。这个理就是儒家伦理的根本精神，被当作天地万物本体的仁、义、礼、智。天理是理学王冠上的宝石，天理论的提出标志着理学体系建构的基本完成。[①]

朱熹依照程颐所开辟的理本论的道路前进，把儒家道德规范上升为天理，确认天理作为万事万物本体的地位，规定天理是万物的规律，是人的价值目标，教导人们“去人欲，存天理”，修养道德，成为圣贤。理与气结合，形成万物。理是生成事物的根本，气是生成事物的材料；理构成事物的本性，气构成事物

① 参见常德增、刘雪君：《科举与书院》，山东教育出版社2009年版，第35页。

的形体。理与气落实到人身上，使得心包括性和情两个方面，性是体，情是用。如果心使情从性（天理）上发出来，这心就是“道心”，这情就是善的；如果心使情从形气上发出来，这心就是“人心”，这情就不一定是善的；如果人心膨胀，情欲增多，乃至泯灭道心，就成为恶。也就是说，人既有为善的根据（人性是理，是善），也有为恶的可能（人有形体，有各种物质要求），而人心是能动的，人究竟为善还是为恶全在人心的选择、决断。虽然天理就在人心，但人并不是生来就知道什么是天理，什么不是天理。朱熹认为要想认识天理，必须依照《大学》的教导格物、致知。所谓“格物”就是针对一事一物，讲明或探索其中包含的天理。人心都有知（这里的“知”是指对儒家伦理的了解），但这知开头总是片面的、肤浅的，要想把这一点知扩展开去（致知），必须借助于“格物”。今日格一物，明日格一物，积累到一定程度，就会豁然贯通。①

实际上，理学家们理解的儒家已经不同于先秦的原始儒学以及汉朝的神学、经学，他们讲孔子没有讲或讲不清楚的性与天道，原来普普通通的仁义、礼智变成天理、人性，万物的本体。因此，人们依儒家伦理而过的道德生活，不仅体现人与人的关系，而且体现人与天的关系；不仅有社会意义，而且有超越意义，即准宗教的意义。

① 参见阎韬：《孔子与儒家》，商务印书馆 1997 年版，第 112 ～ 114 页。

第七章 教学考核

中国是世界上最早实行考试制度的国家，西周时期就出现了考试制度的萌芽。据《礼记·学记》（见图7-1）记载，西周的大学已建立起一套分年考试的制度，《礼记·王制》则载有乡学的考核制度。

西汉时，太学中实行设科射策，标志着现代考试最主要、最普遍的模式——笔试已出现，这促使学生专心攻读、潜心于经典，有利于人才的培养与选拔，也为古代的考试制度积累了丰富的经验。魏晋南北朝时期，由于长期分裂动乱，学校教育中的考试制度不大健全。为适应门阀士族集团的统治要求，创立九品中正制，中正官都由著姓士族担任，门阀士族集团控制了选士大权，即使举行考试，也多“雇人答策”，考试制度难以全面实行，挫伤了人们求学的积极性。仅有曹魏时期太学实行的五经课试法比较健全，对于太学的稳定和发展起到了一定的积极作用。

图7-1 《学记》部分内容（西安碑林）

中国考试制度发生根本性的变革是在隋唐时期。如果说此前的考试属于察举制时代，那么从隋唐时期才算进入真正考试的科举时代。唐朝设立系统的国民教育体系，与之配套的考试制度也全面展开。考试的特点之一是面向全体国民，不只在校学生可以参加科举考试，社会青年等非在校生也可以通过自学参加考试，这种非在校生参加科举的方法称“乡贡”。

隋唐以来，以分科考试为特征的科举制成为中国古代社会选拔与任用各级官吏和各类人才的主要途径。由于科举制的导向作用，学校教育逐渐失去独立性，一切教学活动都围绕科举转，科举考什么，学校就教什么。考试也不例外，科举怎么考，

学校就怎么考。学校的全部教学管理，只剩下月课、季考、岁考、科考等各种名目的为科举考试作准备的考试。这些日常考试，同样是教学考核的组成部分。

宋朝时，王安石执政后把整顿和改革教育的重点首先放在改革太学上，他不仅颁布了《太学令》，使太学之法日趋完备和细密，而且建立了一套全面而严格的太学考试制度——三舍法，这是太学管理制度上的一大创新。金朝时，太学生每三日作策论一道，又三日作赋及诗各一篇。三个月举行一次私试，在月季初举行，内容先试赋，间一日试策论，考试成绩在前五名者直接报部。元朝时，国子学的重要特点是仁宗在延祐二年（1315 年）采纳集贤学士赵孟頫、礼部尚书元明善等的建议，实行升斋等第法和积分法，以加强对学校的管理。明朝时，国子监实行积分法和监生历事制度，地方官学则实行六等优劣法。清朝国子监继承明朝的两种考核制度，但顺治初期停止实行积分法，康熙初年停止实行监生历事制度，改为六等黜陟法。这些方法都是学生的日常考核办法，与作为选官性质的科举制不同。

一、分年考

分年考是文献中记载的西周大学实行的学生隔年考核制度。

西周的学校教育颇为发达，中央有国学，地方有乡学，学校内还有一套比较系统、比较严密的教学、考核、奖惩和视学制度。根据《礼记·学记》记载，西周的大学已建立起一套分年考试的制度。

学生到了规定的年龄进入大学，大学每隔一年考查学生的学业及操行一次。第一年“视离经辨志”，即入学第一年考查学生阅读经书的能力，看其能否分章析句，能否辨明学习的志趣。第三年“视敬业乐群”，即入学第三年考查学生对学业是否专心，与学友相处是否和睦。第五年“视博习亲师”，即入学第五年考查学生学识是否广博，对教师是否亲敬。第七年“视论学取友”，即入学第七年

考查学生在学问上的见解和对交友的选择是否得当。七年结束，考试合格者，谓之“小成”，也就是达到小有成就的标准。第九年“知类通达，强立而不反”，即入学第九年考查学生在学识上能否触类旁通，在志趣上能否坚定不移。九年结束，考试合格者，谓之“大成”，即达到大有成就的标准。

对于德行不合格的学生，西周不是放任自流，而是采取严正的措施。在学业将要结束的时候，小胥、大胥、小乐正等教官检查学生中不听教导的人，开列名字，报告给大乐正，大乐正报告给王。王命三公、九卿、大夫、元士皆入学，行礼说教以感化之。如果再不悔改，王停止宴乐三天，把这部分学生流放远方，永远不再使用。对合格的学生，最直接的奖励就是授予官职、爵位、俸禄。

西周的分年考试制度具有以下几个特点：一是明确学习的要求和顺序，并逐年加深、提高，强调入学之初对学生学习能力和学习志趣进行考查了解，以便进行针对性的教育。二是强调德育和智育的密切结合。在德育上，考核“辨志”“乐群”“亲师”“取友”“强立而不反”，注重意志与信念的培养；在智育上，考核“离经”“敬业”“博习”“论学”“知类通达”，注重读书、推理与判断能力的进步。三是重视群体的教育影响，把建立亲密的师生关系和同学关系放在十分重要的地位。

事实上，九年制的大学在西周可能没有真正实行过，而只是一种设想，因为当时还不可能有学年教学制度、班级授课制度以及由低到高、循序渐进的教学计划。没有九年制大学教育，当然也不会有分年考试办法。不过，这种设想是十分可贵的，它作为一种大学教学指导思想，对教育实践与教育理论的发展具有深远的影响。另外，西周学校尽管主要是为贵族子弟设立的，只有极少数庶民中的上层分子经过严格选拔才有机会跟贵族子弟一道学习，但考试制度毕竟给这些庶民学生以希望和鼓舞。①

① 参见郭齐家：《中国古代考试制度》，商务印书馆 1997 年版，第 10 ～ 11 页。

二、设科射策

设科射策是汉朝太学中实行的学生考核制度。

元朔五年（前124年），汉武帝接受董仲舒的建议，在长安设立太学。当时的太学没有严格的授课和年级制度，因此，设科射策的考核形式成为一种督促和检查学生学习、衡量学生文化程度的手段。

所谓“设科”，就是依据试题的难易程度，将考核情况分甲、乙两科，西汉末年则分甲、乙、丙三科。甲科为上第，合格者授郎中。他们地位显耀，近侍左右，参与谋议，或者执兵宿卫，或者奉命出使。乙科为中第，合格者为太子舍人，主要执掌东宫宿卫，后来也兼管秘书、侍从。丙科为下第，授文学掌故，即郡国文学官。所谓“策”，是指教师所出的试题。所谓“射”，就是射箭。射箭是往靶上射，靶上有靶心等各种环数。学生回答问题如果正中问题的主旨，相当于直中靶心，等级就高。因此，设科射策就是由学官将难度不等的问题写在简策上，将它并列排放，然后覆盖试题，由考生随意抽取其中一策进行解答。教师根据学生答题的情况，评定等级，再根据等级高低授予不同的官职。

因此，设科射策富有今天选题考试的特征。学生从考官列出的策题中选择若干作答，但对应试者答题数量不作限制，在最后决定科第时答题的质量比数量更具有决定性意义。

随着时间的推移，太学考试的年限和设科的标准也有所改变。东汉和帝永元十四年（102年），徐防上书对太学生射策不遵守师法的倾向提出批评，建议评定成绩时将答题的数量作为与质量同等重要的标准，这实质上是提高了射策的客观性，而考生对试题的选择已经没有多少余地。此外，西汉时考试通常每年举行一次，桓帝永寿二年（156年）实施新的课试录用方法，考试时间由一年一试改为两年一试，设科标准也以通经多少来定等第高下，即以通“二经”“三

经”“四经”“五经”来评定次第授以官职。学生通过考试取得一定的科品，获得相应的官职后，还可以继续参加下次考试，以获得更高等级的官职。[①] 到魏晋南北朝时期，以门第高低为指标的九品中正制作为新的选官制度占主导地位，通过考核学生经学知识掌握程度来授官的设科射策方法退出教育舞台。

设科射策作为汉朝大一统国家的考核和选官制度具有重要的意义。以考试取吏，源于秦朝；以考试作为教学管理手段，则始于汉朝太学。太学考试以功名利禄奖励学习优秀者，引诱学生专心攻读，潜心于儒家经典，强化“独尊儒术”的意识，对太学的发展曾经起过积极的促进作用。当然，把考试当成万能钥匙，一味依赖考试来管理学生、激励学生，也产生许多弊病。

三、五经课试法

五经课试法是三国时期曹魏在太学中实行的学生考核制度。

魏晋南北朝时期，学校教育废置无常，特别是官学，在数量上大大减少，学校教育总的趋势在走向衰落。就学校教育的考试制度而言，曹魏时的太学考试制度比较健全。

魏文帝黄初五年（224 年）正式立太学于洛阳，置经学博士，以儒学为主要教学内容，命令地方政府输送那些愿意学习的知识分子到太学接受儒学教育，并制定“五经课试法”。五经课试法规定，刚入太学的称为“门人”，即预备生。经过两年学习之后，考试能通一经的称为“弟子”，成为正式的太学生；考试不及格的被革除学籍，遣回原籍。实际上，头两年等于是预科生或试读生。弟子继续在太学学习，每隔两年或三年增试一经。通二经的，称“文学掌故”；不及

① 参见王伦信：《汉代考试中的设科射策》，《纪念〈教育史研究〉创刊二十周年论文集（3）——中国教育制度史研究》，2009 年。

格的，可继续求学，两年后再考。通三经的，称“太子舍人”；不及格者继续学习，下届再考，考过了依然是太子舍人。通四经的称“郎中”，不及格者随下届再考，考过了也是郎中。郎中满两年并能通五经后，随才叙用，授予更高的官职。这说明，曹魏的太学仍以考试儒家经典为主，目的在于培养国家的官吏。太学生们在校学习期间，可以做官，年级越高，通经越多，官位也越高。从太学毕业后，不需要经过政府其他部门的考试即可任职。①

五经课试法是对汉桓帝永寿二年（156 年）太学课考制度的继承和发展，既沿用旧制，又略有不同。原先的太学课考制度纯粹为一种选举制度，而五经课试法把它的功用已扩充到学校教育中，把学校教育与文官考试任用合一，使之成为学校中的一种课考制度，而且每隔两三年考试一次，规定太学生的学习内容，安排仕进的梯级，层层筛选，这对于提高和保证太学的教育质量也是有益的。另一方面，五经课试法虽然程序井然，但由于过于注重考试内容的具体形式和难度，忽略对学生创造性思考能力的考查，显得较为呆板、机械，并不能真正起到对教学效果作客观考查的作用。加上魏朝及以后的两晋和南北各朝国祚短暂，战争频仍，整个官学教育都处于时兴时废之中，导致官学考试制度也就很难实施。

四、日常考核法

日常考核法是唐朝对在校学生平日里实行的一系列考核的总称。

唐朝统治者非常重视兴办学校，视学校为人才的重要来源，因此特别强调加强学校的教育管理。唐初建立定期的日常考试制度，根据政府法令的规定，学校应经常进行定期考试，以检验学生的学业成绩和教官的工作成效，把学生的考试成绩作为学官考勤的重要标准。当时明确规定的按时考试有旬试、月试、

① 参见郭齐家：《中国古代考试制度》，第 46 ～ 47 页。

季试、岁试、毕业考试等五种。

旬试是每十天进行一次的考试。唐朝的学校每十天有一天假期，称为“休沐日”。在放假前一天，由博士主持，对学生进行一次旬末测验，检测这一旬内讲习的内容，试题形式为帖经和问义，即现代的填空和问答题。这种经常性的考试有利于学生对所学知识及时复习巩固，也有利于教师对其教学及时总结和调整，因而有利于教学效果的提高和教学管理的加强。

月试是每月进行的考试。每月终，第三次旬试时，要考核一个月内讲习的内容。起初，学校的旬试和月试配合进行，学生和教师的生活都围绕着考试转，显得十分紧张。旬试对教学活动能起一定的督促作用，但久而久之，管理放松，教师和学生都感到频繁的旬试是一种过分的精神负担，需要精简，因而逐渐放弃旬试，保留月试。唐宪宗元和元年（806 年）规定国学每月测试一次，有的专科学校根据教学特点，没有规定旬试，只规定月试，如医学只规定“博士月一试”。根据实行的情况来看，月试比较切实可行，所以月试成为一种固定的考试。

季试是每一季度末，汇总一季度的学业内容举行的考试。季试比月试更重要一些，所以有的学校由部门的领导人来主持考试。

岁试是在年终进行的学年考试，考查全年所学的经文。它不仅是一般的课业检查，而且考试成绩还将作为升留级的依据，因而比较重要，规定也更具体。主要考问答题十道，其中答对八道题的为上等，答对六道题的为中等（及格），仅答对五道题的评为下等。连续三年学习成绩为下等的，以及在学校学习九年后还不参加贡举的学生，作退学处理。岁试通常都由主管部门领导人亲自主持。主管部门领导人主持的考试，考试成绩直接得到认可，登第的人就可以上报，获得参加国家科举考试的资格。

毕业考试是学生在学习完所规定的全部课程后的通考。凡二经合格的学生和通三经已及第的俊士而愿意留下继续学习的，四门学生升入太学学习，太学生升入国子监学习；也可以参加科举考试，或者直接分派给各种官职。

通过这些考试方法，唐朝加强对学生的学籍管理，并依据学生考试成绩设立严格的赏罚制度，对考试成绩优异的学生给予物质奖励和精神奖励。对旬试、月试、季试的优等生都分别给予奖励，而且把年终的岁试奖励与平时奖励联系在一起，当然岁试奖励最高。规定如果岁试业成，不要求出仕，而愿意留在学校继续学习的，可以在学校得到升转。用提高等级地位作为对学生的最高奖励，鼓励求学。同时，对考试不及格的学生给予严厉的处罚。如果岁试不合格，一年两年还允许留级，若连续三年不合格，或者九年仍不能毕业的，则要被开除。定时对差生进行黜退，规定太学生学习的最高年限，这不仅给学习怠惰的学生以严肃的教训，同时也可避免像汉朝那样出现白发的老学生。[①]

日常考核法把平时测验、学年考试和毕业通考结合起来，形成较完整的学校考试制度，这是中国古代学校考试史上的一个里程碑。但是，这种专重考试的做法，往往使师生疲于应付考试，对于进行系统教学，发展学生能力和特长，无疑有所妨碍，易使考试流于形式。

五、三舍法

“三舍法”是北宋时期王安石创立的一种太学升级考核方法。

北宋时期，进士科举重诗赋，明经科举专记诵，王安石认为这样不能造就有用人才。他在主持变法期间，对太学体制进行改革，不仅扩大太学规模，增加学生名额，而且吸取宋朝教育家胡瑗重教学内容的实用和分科教学形式的成就，于宋神宗熙宁四年（1071年）创立太学生“三舍法”。

“三舍法”是把太学分为外舍、内舍、上舍三等，外舍2000人，内舍300人，上舍100人。报名入学者持有籍贯所属州县的证明并接受检验，经考核合格者

① 参见杨雅文：《中国古代学校的考试类别与方法》，《教学与管理》1998年第1、2期。

即为外舍生。教师每月末和每季度末分别对学生进行小考和中考，称为“私试”，并记录学生每月和每季度的品行和学习表现。这种平时的考核成绩，积累到规定的标准，学生便可参加升舍考试。如果私试三次不合格，已升舍的也要受到降舍的处分。学校每年终为符合标准的外舍生举行一次大考，称为“公试”，根据大考成绩并参考平时道德行为和学习表现，择优递补为内舍生。学校每两年为符合标准的内舍生举行一次上舍试，根据考试成绩并参考平时“行艺”表现，择优递补为上舍生。上舍生根据累积的考试成绩和平时的“行艺”表现分为三等。如果考至上舍上等，相当于科举及第，可由政府直接授以官职；考至上舍中等的，可以直接参加科举考试的最后一场——殿试；考至上舍下等的，可以直接参加科举考试的省试，也可以留校担任学正、学录、学谕等一类的辅助教学人员和行政管理人员的职务。

宋徽宗崇宁五年（1106 年），在蔡京主持下，北宋从县学、州学到太学，全面实行“三舍法”。规定每年考选县学上舍生，升入州学外舍；州学上舍生，每年秋季贡入辟雍。每年春季，太学生、辟雍生皆参加公试。上等者，立即释褐任官；中等者，允许参加皇帝主持的策试；下等者，补内舍生。

“三舍法”的主要特点是赋予学校直接向国家输送人才的职能。学校不再是科举考试的预备场所，学生在校的学业成绩相当于科举考试的成绩，优秀生可以越过科举而直接得官，次优等生亦可参加科举考试中的殿试或省试，这样就大大提高了学校教育的地位和学生在校学习的积极性。“三舍法”实施之前，太学长期为有名无实的空架子。“三舍法”实施之后，推动了太学的发展，使太学面目大为改观。自此以后，这种“三舍法”取士便与科举考试取士同时并行。[①]

“三舍法”虽可将学生平日的学业品行作为升舍、应举和授官的依据，避免一次考试定终生的弊病，但它也有其局限性，往往导致人情关系的泛滥。

① 参见郭齐家：《中国古代考试制度》，第 130 ～ 131 页。

六、升斋等第法

升斋等第法是元朝国子学中实行的学生考核制度。

至元六年（1269 年），忽必烈诏令设立国子学，作为国家最高学府，隶属于国子监。国子学中的学生不分民族，凡汉族、蒙古、色目人官员的子弟均可入学。学习内容为“四书五经”及诗赋、表章、诏诰等，考试由博士出题，学员答卷，先呈助教，然后再请博士评判，记录于附课簿，以备考核。

国子学继承宋朝太学分斋教学的办法，共分六斋，东西相向。下两斋左为游艺斋，右为依仁斋，教学内容层次浅一些，学习《小学》、蒙学读物及属对（诗文中两句缀成对偶）等。中两斋左为据德斋，右为志道斋，教学内容层次稍深一些，学习“四书”及诗词格律等。上两斋左为时习斋，右为目新斋，教学内容层次更深一些，学习“五经”等。每斋名额多寡不等。到每季之末，考试成绩合格且未触犯学规者，准予依次升斋。

因此，学生能否升斋，视考试成绩而定。国子学的考试分为两种：一是私试，一是升斋试。私试每月末举行一次月考，规定凡汉族学生每季度的第一个月考试经疑一道，第二个月考试经义一道，第三个月考试策问、表章、诏诰等一道。蒙古、色目人学生每季度第一、二个月各考试明经一道，第三个月考试策问一道。试卷上等者给 1 分，中等者给 0.5 分，每年积分至 8 分以上的学生升补高等生员，坐斋三年以上便可充贡举，不过以 40 名为额（汉族 20 名，蒙古、色目人各 10 人），与举人有同等资格。

凡应私试学生有不认真学习并违犯学规的，初犯者罚 1 分，再犯者罚 2 分，三犯者除名，开除学籍；已补高等生员，如有违犯学规者，初犯停试一年，再犯者除名，开除学籍；在校生员，旷课半年以上者除名，开除学籍；汉族学生三年不通一经者，不肯勤学者除名，开除学籍。对于教职员也有严格的要求，

国子监规定管理学生纪律训导的官员学正、学录等对于学生违犯学规“知见而不纠举者”，要受处罚。对于学生考试作弊，学正、学录置若罔闻，不予纠举，也受处罚。①

升斋等第法是对宋朝“三舍法”的继承和发展，它更注重学生平时的考试成绩，对于督促他们平时认真学习有着积极的作用。此后，国子监积分生员，三年一次依科举例入会试，中者取 18 名。升斋等第法与积分法汇入科举考试制度的体系之中，成为科举考试制度的附属品。

七、积分制

积分制主要是元、明和清初国子学（监）中实行的一种学生日常考核方法。

积分制源于宋朝王安石创立的“三舍法”。当时每月末和每季度末分别对太学生进行小考和中考，称为“私试”，规定用严格的考试办法来筛选优秀人才，对不合格的学生进行降级、退学等处理。元朝时，国子学的月考（即私试）成为积分的主要依据，积分的多少又决定着是否升斋和授官，积分法趋于完备。

明太祖朱元璋重视学校教育。早在明朝建立之前，他就把应天府学改为“国子学”，作为中央最高学府。明洪武十五年（1382 年）又改国子学为“国子监”，制定教学制度，其中之一就是对监生采用积分制的考核方式。全监学生共分六堂三级，正义、崇志、广业三堂为初级，修道、诚心二堂为中级，率性一堂（见图 7–2）②为高级。监生按照程度高低分别进入不同的堂中研习：仅通“四书”的编入初级。在初级学习一年半以上，经考试合格，文理通顺条畅者升入中级。在中级学习一年半以上，经过考核，经史兼通、文理俱优的升入高

① 参见郭齐家：《中国古代考试制度》，第 145 ～ 146 页。
② 参见刘景云、杨林、孙建军编著：《图说科举制度》，第 173 页。

图 7-2　国子监太学内的率性堂

级后，方用积分法。方法是：每季的第一个月考所习经书的大义一道，第二个月考论一道，第三个月考策问一道、判语二条。每次考试，文理俱优的记 1 分，理优文劣的记 0.5 分，文理都差的 0 分。每年积满 8 分的为及格，给予做官资格，可派充官职，不及格的照旧学习。

清初也曾实行积分制。顺治三年（1646 年）规定，在正常的课程内，以一年为限，每月考试经义、策论各一道，全年考 12 次一等者，免于拨历，直接参加廷试授职，称为“超选”。顺治十五年（1658 年）调整积分法，从监生考到补班者，选择其中优秀者实行积分法，在正常考试外，每月加考一次，以一年为期。考一等者记 1 分，考二等者记 0.5 分，二等以下 0 分，积满 8 分为及格。另外，考试虽不及格，但兼通“五经”，“二十一史”全通，或者善于临摹钟繇、王羲之字帖者均记 1 分，且提前参加廷试任职。顺治十七年（1660 年）停止积分制，以后亦未恢复。

积分制注重学生平时的考试成绩，因引入竞争机制，具有督促学生平时认真学习的积极作用。同时，它既可以较全面地评价学生学业及操行，又给学生学习提供一定的自由度，有利于教学管理、提高教学效果。

八、历事监生

历事监生是明朝国子监实行的学生实习考核制度。

明朝初年，由于人才匮乏，朝廷急需培养适合其统治需要的新一代人才。

明洪武五年（1372 年），朱元璋独辟蹊径，首创一种新的官学教学模式，在国子监中设立实习历事制度，以加快人才培养选拔的步伐。

明朝国子监生员在率性堂积满学分后，仅获得为官从政的资格，只有实习、历事合格后，才有为官从政的权利。学生在国子监内学习到一定年限，都要被分派到政府各机关"先习历事"，即进行教学实习。分拨至吏部、户部、礼部、大理寺、通政司、行人司、五军都督府从事政务者，称"正历"；分派至诸司写本（誊写奏本）等事务者，称"杂历"。也有被分派到地方的州和县，或清理粮田，或督修水利等，这些实习学生通称"历事监生"，学习时间以半年为限。在这半年里，学生白天在实习机关实习政事，晚上回国子监读书休息。回监读书是为了不中断文化课的学习，在各司实习则有益于对实际工作能力的培养。当时学生实习的具体时间长短不一，有三个月、五个月、一年不等，甚至还有更长的。监生在监外历事与监内读书一样，必须参加考核，且将考核成绩与任官直接结合。建文帝时，确定考核办法：监生历事期满经考核，分为上、中、下三等，上等者送吏部铨选授官，中、下等者仍历一年再考；上等者依上等用，中等者不拘品级，随才任用，下等者回监读书。

历事监生是一项富有创新性的教育制度。以前历代王朝培养太学生，都把学习和考试作为授官的标准，而国子监却在教学过程中将理论与实践紧密结合，使监生在走上工作岗位前接受实习，获得从政的实际经验，有利于学生才干的增长，从而缩短了监生从书本到现实的距离。然而到明朝后期，由于国子监生员逐渐增加，以至于历事生人数激增，使得监生历事安排相当困难，历事考核亦形式化。①

① 参见王凌皓、刘淑兰：《明代国子监的坐监积分与实习历事制度》，《教育科学》1994 年第 3 期。

九、六等黜陟法

六等黜陟法主要是明、清地方官学实行的年度考核方法。

六等黜陟法是在明朝"六等试诸生优劣"方法基础上发展起来的。明朝府、州、县学的学生有廪膳生、增广生、附学生三类。凡初入学者往往先为附学生，经过岁、科两次考试，成绩优秀者，才能依次递补为增广生员、廪膳生员。学生在校学习10年，若学无所成，或有大过者，则罚充吏役，并追还廪米。反之，若品学兼优，则依次递升，至于优秀的廪膳生，还可以通过贡监进入京师国子监学习。

清朝地方官学也基本继承了这种方法。

岁试每年举行一次，内容为"四书"文二道、"五经"文一道，这是最重要的考试之一。考试结束后，学生按成绩分为六等，决定升降惩罚。六等的标准是：文理平通者列为一等，文理亦通者列为二等，文理略通者列为三等，文理有疵者列为四等，文理荒谬者列为五等，文理不通者列为六等，亦称"劣等"。另有青衣、发社两项对考劣等的降级处分：由着生员特许的服色蓝衫改穿青衫，称"青衣"；由府、州、县学降入社学，称"发社"。岁试得一等成绩者，依次递补廪膳生缺额；二等成绩者，依次递补增广生缺额，均给赏；三等成绩者，不升不降；四等成绩者，挞责；五等成绩者，廪膳生降为增广生，增广生降为附学生，附学生降为青衣；六等成绩者黜革。岁试规定全体生员必须参加，无故不参加者革黜为民。因故告假缺考者限期补考，不参加补考者亦革黜为民。科试三年一考，在每届乡试前举行，是取得报考乡试资格的考试，所考内容与岁试同，考毕按成绩分三等，第一、二等准许参加乡试，有时也准许第三等的前五名或前十名参加乡试。

六等黜陟法对生员进行动态管理，把生员的等级与学业成绩紧密挂钩，关系到生员升降进退的切身利益，受到生员的普遍重视。因此，这种方法比明朝

的方法更周密和成熟，也更有效，有助于调动学生学习的积极性，提高学校教育质量，是清朝在地方官学管理上的重要创新。

应当指出的是，中国古代学校考试制度除了对学生进行考核外，还兼有对教师考评的功能。唐朝对包括教育行政官员和教师在内的学官，同其他官员一样，均要定期“考课”，一般每年一小考，3～5年一大考。考核内容分业务、品德及教学效果等，考核结果分为九等。其中，授课数量是考核定级的重要标准之一。明初地方学校更是明确规定：平时考查以在校生月试和岁试成绩为标准，如学生三个月内无长进，地方官有权对教师施加“罚米”（即扣发薪俸）的制裁。经岁考，凡府学12人以上、州学8人以上、县学6人以上学生无长进，主管学官有权对州、府、县学的地方官及所属教师“训导”并实行“罚俸”的处分。凡府有24人以上、州有16人以上、县有12人以上学无长进的生员，巡按御使或按察使有权对该府、州、县学中的全体教师实行“罢黜”处分。同时，主管该府、州、县的地方官也要受笞刑。教师九年任满之后要进行两项考核：一为业务考核，一为“升学率”考核。所谓升学率考核，即是以所教学生科举成绩。可见，古代学校的考试制度同时具有教师考核制度的性质。[①]

① 参见杨雅文：《中国古代学校的考试类别与方法》，《教学与管理》1998年第1、2期。

第八章 科举制

科举制是中国古代王朝通过考试，从士子中选拔官吏的一项制度。由于采用分科取士的办法，所以叫“科举制”。它的特点是个人自愿报考，县、州（府）逐级考试筛选，而后全国举子定期集中到京城，按科命题，同场竞试，以文艺才能为标准，评定成绩，限量择优录取。

隋朝是科举制的形成时期。隋文帝时，随着士族门阀的衰落和庶族地主的兴起，魏晋以来选官注重门第的九品中正制已无法继续下去。开皇十五年（595 年），九品中正制从法律上被废除，选官采用察举制。察举制设有多个科目，这为科举制的产生作了铺垫。隋炀帝（见图 8–1）大业二年（606 年）设“进士科”取士。次年又下诏以十科取士，其中“文才秀美”一科被认为是进士科。至此，科举制正式确立。

图 8–1 隋炀帝杨广像（唐·阎立本《历代帝王图》局部）

唐朝是科举制的完善时期。科举制诞生的时候很不完善。在唐朝时，无论科目标准还是考试内容、科目设置等，都得到了发展。唐太宗实行偃武修文的政策，积极发展教育，开科取士；武则天亲自策问贡士于洛城殿，开创科举考试中殿试的形式；唐玄宗励精图治，调整学校教育和科举制的关系，使二者重新得到健康的发展。到天宝年间（742 ～ 756 年），科举制大部分的考试科目已经形成，考试内容基本确立，考试形式基本定型，科举制发展成为一种完善的选士制度。

宋朝是科举制的改良时期。宋朝科举制在规模和制度上都有进一步的改良：宋初废止两汉以来的察举制度，把科举作为取士正途，以提高科举制的地位；除按照常例录取正奏名之外，还增设“特奏名”，扩大科举名额；提高科举及第后的地位和待遇，及第后直接授官，不像唐朝那样还经过吏部考试，这对寒门

子弟有很强的吸引力；英宗治平三年（1066 年）确定科举考试时间为“三年一贡举”，把考试时间固定下来，此后成为定制，历经元、明而持续到清末；开宝六年（973 年），宋太祖亲自主持殿试，从此殿试成为科举定制，科举制形成三级考试制度，即州试（由地方官主持）、省试（由尚书省礼部主持）、殿试（由皇帝主持）；将殿试成绩评定等第，把进士分为三甲，第一甲赐进士及第，第二甲赐进士出身，第三甲赐同进士出身，这影响了元、明、清的科举考试制度；建立新的制度，防止科场作弊，维护考试的客观性和公平性。宋朝的这些措施对科举制的发展做出了独特的贡献，在科举制发展史上占有重要的地位。

元朝是科举制的过渡时期。元朝在立国后的很长时间里不重视科举制，直到仁宗皇庆二年（1313 年）才开科取士。虽然元朝的科举制有明显的民族歧视成分，但有一项改革对后世影响极大，那就是规定考试的内容出自“四书”，以朱熹的《四书章句集注》为答题标准。《四书章句集注》取得了与“五经”同等的地位，成为士人和各类学校必读的教科书，影响中国古代社会后期的文化教育长达数百年之久。元朝还严格考试纪律：考生进入贡院时要进行严格的搜检，不许夹带违规的文字资料；考生违反考场纪律，取消考试资格；详细规定有关官员应尽的职责等。

明朝是科举制的鼎盛时期。明朝在继承宋、元科举制的基础上，建立科举定式，确定每逢三年开科考试，规定科举考试分为乡试、会试和殿试，再加上具有预备性质的童试，实际上分为依次递进的四级考试，即童试、乡试、会试、殿试；将八股文作为一种固定的考试文体，这在当时对于考试文体的标准化和促进人才选拔的客观性具有积极的意义；将学校教育纳入科举体系，只有接受学校教育的士人才有资格参考科举考试，这严重地影响和制约了学校教育的发展。

清朝是科举制的僵化时期。清朝科举制基本上沿袭明朝的制度，它制定缜密的科场条例，为士人提供相对公平的竞争环境，以维护和巩固其统治，但是，清朝科场舞弊层出不穷，积重难返。学校受科举的影响日益加深，逐渐成为科举的

备考和训练机构。学校教育的目的、内容、方法等都围绕着科举考试进行，教学管理松弛，学校丧失了作为教育机构的独立性，成为科举的附庸，日益走向衰败。

科举制从隋朝开始实行，到清光绪三十一年（1905 年）举行最后一科考试，历经近 1300 年。开始时它适应了时代进步的需要，为国家取才做出了贡献；最终却因僵化而禁锢思想，成为社会发展的负累。

一、考试程序

这里说的考试程序是科举考试的步骤，意味着一个士子要经过多少道考试才能最终登顶，跻身我们熟知的进士行列。从科举制的历史看，它的程序有个从一级到三级再到四级的逐步增加、完善的过程。

唐朝的科举考试基本为一级。每年秋冬之际，经过县初试、州复试的举子从原籍出发，集中到京城，参加原定于十月的入贡考试。由于集中后已经处于冬季，还要办理一些必要的手续和例行活动，所以实际考试时间和录取都在来年春季进行。宋朝的考试程序起初沿袭唐制，一年开考一次，有时间隔两年、三年不等，导致士人疲于奔波，官府穷于应付。后来确定三年一考，分为州试、省试、殿试三级。明清时期，科举考试程序比较固定，分乡试、会试和殿试三步，再加上具有预备性质的童试，实际上有四步。

第一步为童试，又称“童生试”，是预备考试。考生无论年龄大小，都称“儒童”或“童生”，参加州、县学的入学考试。考试由州、县长官主考，考生通过以后称“生员”，俗称“秀才”。秀才分三等：成绩最好的称“廪生”，由国家按月发给伙食补助费。其次称“增生”，不供给伙食补助费。廪生和增生是有一定名额的。第三等称“附生”，即初进学的附学生员。秀才地位比老百姓高出一等，遇见知县可以不下跪，官府也不能随便对其动用刑法。童试仅是科举考试的漫长征途中迈出的第一步，却有成千上万的人难以迈出这艰难的一步。

图 8-2　江南贡院

第二步为乡试，唐宋时称“乡贡”“解试”。乡试是省一级的考试，在各省省城举行，由皇帝钦命的正、副主考官主持，只有考试成绩为一、二等的秀才才有资格参加。各省多在省城东南建立贡院，作为乡试考试场地，其大门正中悬挂“贡院”大匾。（见图 8-2）[1]乡试每三年举行一次，叫“大比”。每次考三场：八月初九为第一场，八月十二为第二场，八月十五为第三场。因为考期一般定在农历八月，故又称“秋闱”“秋试”。通过者称“举人”，俗称“孝廉”。第一名为“解元”，第二名为“亚元”，第三、四、五名称“经魁”，第六名为“亚魁”。举人是正式的功名和资格，可以经过吏部铨选后授予官职。

第三步为会试，由礼部主持，在乡试后的第二年春季（农历二月）于京城举行，故又称“春闱”“礼闱”。皇帝从翰林和教官中任命主考官二人、同考官八人负责。应试者是各省的举人，包括上一年的新举人和历届会试落榜者。会试分三场：二月初九为第一场，二月十二为第二场，二月十五为第三场。会试录取后称“贡士”，第一名称“会元”；如果未被录取，可改入国子监做监生，待以后有条件时可授予京师小官或府佐、州县正官等。当时会试还有副榜，凡上副榜的举人，不算正式录取，但大多数可授予学校教官的官职。

第四步为殿试，又称“廷试”，在会试之后举行，由皇帝亲自主持，大学士、尚书、都御史、通政史、大理寺卿、翰林学士、詹事等担任读卷官，礼部尚书、

① 参见张光奇编著：《中国古代教育》，第 30 页。

侍郎任提调，御史监试。殿试只试策问一场，要求考生当场交卷，弥封后送读卷官审阅。殿试并不淘汰，参加殿试的贡士均能获取进士资格。殿试考中称“甲榜”，又称“甲科”。出榜分为三甲：一甲为赐进士及第，只有三名，分别为状元（又称“殿元”）、榜眼、探花，合称“三鼎甲”；二甲为赐进士出身；三甲为赐同进士出身。

自明洪武十七年（1384年）形成的三年一大比，以童试、乡试、会试、殿试四级考试构成的固定程序，到清末被废除，历时500多年，影响巨大。

二、考试科目

从隋朝到清末，不同的朝代设置的考试科目不尽相同，而同一个朝代，在不同的时期考试科目时有废立。唐朝的科目有废有立，多达50余科；宋朝的也有10多科，到明清时主要有进士一科。从不同科目举行的频率来看，科举制的考试科目大致有三类：常科、制科和武科。

图 8–3　宋代科举考试图

常科指常设之科，由朝廷规定大纲、内容、时间和具体程式。常科的科目在唐宋时很多，如唐朝曾有秀才、进士、明经、明法、明书、明算、一史、三史、开元礼、童子、道举等科，宋朝曾有进士、九经、五经、开元礼、三礼、三史、三传、学究、明经、明法等科（见图8–3）。但各科的情况很不同，实行时间长

短不一。唐朝的明法、明算、明书等科较为专门，应举的人不多，俊士等科不经常举行，秀才一科在唐初要求很高，后来渐废。因此，明经、进士两科便成为唐朝常科的主要科目。宋朝进士科录取的人最多，后来王安石对科举作重大改革，罢诸科而独存进士一科。明、清两代科举制沿袭设进士科。因此，常科中最经常举行、应举人数最多的、最受世人重视的是进士科。

制科指非常设科目，不定期举行考试，考试的时间及内容都由皇帝临时决定，随皇帝一时高兴而举行，名目很多。唐朝制科的科目见于记载的就有百种，像博学宏词科、文经邦国科、达于教化科、可以理人科等；宋朝时开过贤良方正能直言极谏、经学优深可为师法、详闲吏理达于教化、博通坟典明于教化、才识兼茂明于体用、详明吏理可使从政、识洞韬略运筹帷幄、军谋宏远材任边寄等科；清朝时开过博学鸿词科、翻译科、经济科等。参加制科的人不仅有白身，也包括有出身和官职的人。应试者可以由他人举荐，也可自荐。由于制科是皇帝亲自网罗人才的一种办法，所以考试成绩优等的可以得到较高的官职，次一等的也可被授予出身。但制科出身的人却不受敬重，被认为非正途出身，远不如进士出身的人荣耀。科举考试得官以后，还可以再考制科，如诗人贺知章，先考进士科获得官职，后来他又应考制科考取超拔群类科，获更高的官职。

武科即武举，是选拔军事人才的考试科目，始于唐朝，但整个制度还不够完备，只能说是创制时期。宋朝开始，武科被纳入整个科举体系之中，如进士科一样，殿试后发榜赐出身，设有武状元，武科与文科取得同样的待遇。武科的考试内容，唐朝时考举重、骑射、步射、马枪等技术，对考生相貌亦有要求，要“躯干雄伟、可以为将帅者”。宋朝时规定先骑射后策问，骑射区分高低，策问决定去留，要求考生有勇有谋，不能只有武力，要“副之策略”，问孙吴兵法等。明朝时改为“先之以谋略，次之以武艺”。如果在答策的笔试中不及格，不能参考武试。武试最少要求骑射九矢中三，步射九矢中五。清朝时改为先试马步射，合格者才考笔试。

三、考试方法

科举的考试方法，不同的科目之间有所差异。一些专门性强的科目，除了考文化知识外，还要加考相应的专业技能。从常科来看，经常采用的考试方法，唐朝主要有帖经、墨义、策问、诗赋，有时还采用口试；宋朝主要是经义、策问、诗赋等，到明清只有经义一门。

帖经是唐朝科举考试常用的方法，其办法是在经书上某行帖上三个字，要求应试者将所贴的三个字填写出来，这和现在流行的“填空”有些类似。这种考试方法适于考查记诵性的知识，原是很简单的，只要把经书文注读熟即可应付，对于测试认识能力、思辨能力及应变能力无能为力。考生对一般帖经均能回答，考官难以分出优劣。为便于取舍，考官就挖空心思提高考题的难度，出些孤章绝句、疑似参互、易于混淆的题目，如出一些偏题、怪题，把本来容易应付的帖经考试变成考生的一道难关。历年考生就想方设法搜罗偏怪难题，把孤绝幽隐的句子编成便于记诵的歌诀，称为“帖括”。考生们热衷于记诵帖括的歌诀，而对儒经的大义反而知之不切。

墨义是唐朝时一种简单的对经义的问答，只要熟读经文和注疏即能回答，类似于现在的简答题。如从《论语·公冶长》中出一道原题：“子谓‘子产有君子之道四焉’，所谓四者何？”考生应该回答：“‘其行己也恭，其事上也敬，其养民也惠，其使民也义。’谨对。”如答不上来，就写上“对未审”。

策问是唐朝时沿袭西汉以来的射策、对策的考试方法，它是设题指事，由应试者做文章，题目的范围是当世要事和计谋策略，要求对现实中诸如政治、吏治、人事、教化、生产等问题提出建议，或写出政论性的文章。它比帖经、墨义要求高一些，是一种较好的考试方法。但是，这种考试方法行之既久，读书人将每年考试的考卷旧策编缀起来，熟读烂背，“束书不观，专读旧策”，以应

付考试。传说李白这样的大诗人考试时也曾和其他考生一起将此类书“携以就试，相顾而笑”。久而久之，策问也难以考出真正的人才。

诗赋是唐朝加试的一种考试方法。鉴于考生多背诵经义和旧策，没有实才，于是就在经义、策问的基础之上加试一诗一赋，又称“试帖诗”。诗赋比帖经、墨义更能考查考生的思想，反映出一个人的文学修养和文化水平。不过这种诗赋格律体裁均有固定格式，语句用词又必端庄典雅、堂皇斋丽，容易使士子追求文章形式，着意辞藻华丽，形成“争尚文辞，互相矜炫”的浮华之风。

唐玄宗开元二十五年（737 年），科举考试增加“口问大义”，即用口试这种新的考试方法。规定问义应当众进行，问义结束时当即宣布考试成绩，以此来限制考官以个人好恶进行取舍，让众人对口试进行监督。口试的方法比较灵活，但随意性较大，确实有复查无凭的缺点，容易给一些考官和考生提供联合舞弊的机会。

经义作为考试方法产生于北宋，以经书文句为题，要求应试者作文阐明其中义理。当时的答题方式是先列出注疏之意，次引诸家异说，最后断以己意。这种方法与墨守《五经大义》的解释相比，还考查应试者对经文意义的掌握和理解。但从南宋至元朝，经义的形式日趋严格，内容也最终以朱熹的注释为准，在题型、结构等方面已经具备八股文的一些特征。①

四、进　士

进士是科举制取士的常科科目之一，始于隋炀帝，至唐朝备受重视。此后其他科目仅存空名，无足轻重，进士科成为常科中独存的科目。

进士的地位有个逐渐加重的过程。隋炀帝曾以进士科取士，但当时不是经

① 参见郭齐家：《中国古代考试制度》，第 76 ～ 80 页。

常举行，进士科的地位还没有稳定。进入唐朝后，每年贡举绝大多数在进士和明经两科，但进士声望最隆，最受士子青睐。宋朝时，进士虽然是常科之一，但录取的人数最多，地位进一步加重。元明清时期，进士成为科举的唯一文科科目，地位空前提高。[①] 进士科之所以受到社会的广泛重视，与进士及第者往往受到重用有关。唐朝进士科录取分为两等，甲等授予从九品上之官职，乙等授予从九品下之官职。有的进士及第者位及宰相，从唐宪宗到唐懿宗期间共有宰相133人，其中进士出身者有98人，约占宰相总数的74%。宰相中进士出身的人数占绝对优势，反过来又促使朝野上下更加重视进士科。宋元明清时，贡士经殿试后不再淘汰，及第者皆赐出身，称“进士”。进士分为三甲：一甲三人，赐进士及第（见图8–4），分别称“状元”“榜眼”和“探花”。状元一般授翰林院修撰，榜眼和探花一般授翰林院编修。二、三甲分赐进士出身、同进士出身。二、三甲的进士可以参加翰林院庶吉士的考试，叫“馆选”，考取后称“庶吉士”，学习三年后补授重要官职；馆选未考取的进士可能被授予给事中、御史、六部主事以及诸府推官、知州、知县等官。

图8–4　进士第（河南安阳马庄庄园门匾）

进士科的考试内容，唐初仅考时务策（即当世要事的对策）五道，后增加考试帖经和杂文。帖经是考默写经书的能力。杂文是指以规谏、告诫为主题的箴、铭，经策全通为甲等，策通四道、帖通四道以上为乙等。唐中叶后

① 参见张光奇编著：《中国古代教育》，第25页。

又增考诗赋，并重视诗赋的考试。往往帖经不合格的，如果诗赋考得好也可以录取。这是唐诗兴盛的反映，同时又反过来促进唐诗的进一步发展。宋朝时，进士科试诗、赋、论各一首（篇），策问五道，贴《论语》十帖，对《春秋》或《礼记》，墨义十条。明清时，进士考试内容为时务策一道，限 1000 字以上，规定不用八股文。

由于进士科及第者官位显赫，所以进士科也最难考，录取人数又少。唐朝进士科，每榜录取人数很少。唐玄宗时每年参加进士科考试的不少于 1000 人，最终中举的往往不超过 30 人。《全唐诗》中“桂树只生三十枝”的句子反映了进士科每次录取名额 30 人左右。据计算，唐朝约计有 50 万人次参加过进士科考试，共录取 6656 人，平均每年及第在 23 ～ 24 人之间。宋朝自太宗以后，科举名额大为扩张，除按照常例录取正奏名之外，还增设特奏名，录取的进士数量大增，北宋取进士 19066 人，南宋 23319 人，合计 42385 人。元朝科举考试共举行 16 次，其中录取进士达百人以上的仅有 2 次，其余都不过百人，总计取士 1133 名。明朝共开科 91 次，实际取士总人数为 24363 人。清朝共开科 114 次，录取进士 26888 人。

五、状　元

状元指进士殿试第一名。

状元最早称为“状头”，唐朝参加科举考试的士子经由各州、县送到京城，在应试前需递送“投状”，即类似如今考试报名时填写的资料。科举考试结束之后，成绩名列榜首者会被放在最前面，称“状头”。后来人们觉得“状头”太不雅，于是改称“状元”。

科举考试一直尊崇“学而优则仕”。状元是科名中的最高荣誉，取得状元也叫“大魁天下”。士子一旦考取状元，其地位马上会青云直上，可谓“十年寒窗无人问，一举成名天下知”。唐朝官至宰相的状元只有 10 人，宋朝位至宰相、

副宰相的状元共有 25 人，明朝官至大学士入阁或非大学士入阁的 17 人，清朝官至大学士、协办大学士的 14 人。可见状元一般能获得很高的官位。当然，如果状元被认为有罪、有错，也会受到处罚，其中明朝最残酷，直接被杀的 3 人，入过狱或受过关押的 10 人，受过廷杖的 5 人。

中国科举时代究竟有多少状元（不含武状元和女状元）呢？据史籍记载，唐朝共有状元 139 人；五代十国的后梁、后唐、后晋、后汉、后周沿唐制，有状元 11 人；宋朝有状元 118 人；元朝的蒙、汉状元共 32 人；明朝有状元 90 人（见图 8–5）；清初至清光绪三十一年（1905 年）废科举制，有状元 114 人。由唐初到清末，总计有状元 504 人。辽代的状元为 18 人，金代的状元为 15 人，张献忠的大西政权有状元 1 人，太平天国的状元有 14 人。若上述状元可与唐、五代、宋、元、明、清状元同列，则中国历代状元共计 552 人。[①]

图 8–5　明万历二十六年山东青州赵秉忠状元试卷（局部）

在漫长的科举历程中，出现了很多有特点的状元。历史上的第一个状元是唐武德五年（622 年）的孙伏伽，最后一个状元是清光绪三十年（1904 年）的刘春霖。最年轻的状元是唐高宗显庆元年（656 年）的苏瑰和咸亨四年（673 年）的郭元振，他们当时年龄都不满 18 岁；

① 参见王宗志：《中国历代状元小考》，《考试与招生》2010 年第 2 期。

年龄最大的状元是唐朝的尹枢，他一生参加科举考试几十次，直到 70 多岁才自荐考中状元，了却“金榜题名”的夙愿。中国历史上虽然出了个女皇帝武则天，却很少出现过真正意义上的女状元。只有在太平天国时期，20 岁的女子傅善祥参加太平天国组织的科举考试而成为女状元。

各地的状元人数并不均衡。历代状元人数最多的主要集中在这样几个地方：今江苏苏州及其属县吴县，共出状元 27 人，居全国之冠；其次有浙江杭州、绍兴两地，共出过 7 名状元；再次有江苏昆山、无锡、武进，浙江湖州，福建莆田，河南开封等地，出过 5～6 名状元。这些状元相对集中的州府，多数位于江浙一带，属于北方的州府只有开封一处。①

当然，状元仅仅意味着在特定场次的考试中，诗写得好，八股文作得好，并不代表状元样样都行。历代状元中有一些具有真才实学的，如王维、柳公权、陈亮、吕蒙正、王十朋、文天祥、张孝祥、翁同龢等，但也有很多名不副实，极其平庸。

六、博学鸿词

博学鸿词是清朝科举考试中制科的科目之一，主要以诗、赋取士，与常科考试内容不同。

博学鸿词作为选拔人才的考试科目始于唐。唐朝有博学宏词一科。宋朝绍兴初年设宏词科；宋高宗绍兴三年（1133 年）为博学宏词科，选拔博学能文之士。清朝改“宏词”为“鸿词”，与唐朝的博学宏词科仅一字之差，但性质不同。唐朝的博学宏词科属于吏部科目选，而清朝的博学鸿词科属于制科，考生由三品以上的官员推荐，被推荐者可以是在职官员，也可以是平民，由皇帝亲自出题考试、阅卷、选定名次，保证选拔的人有真才实学。

① 参见韩茂莉、胡兆量：《中国古代状元分布的文化背景》，《地理学报》1998 年第 6 期。

博学鸿词科在清朝仅仅开设两次：一次在康熙十八年（1661 年），一次在乾隆元年（1736 年）。康熙亲政后，时局基本平稳，军事上大规模的抗清运动已经消歇，清廷基本建立起对全国的统治，经济上也在休养生息，社会秩序由乱而治，实现初步的稳定。但是，由于文化上缺乏认同，汉族士人总体仍有对清廷统治的抵触，遗民纷纷弃举业、游四方，唱故国哀思，存后王之待。鉴于此，康熙帝认识到当下迫切需要谋求汉族文化的认同，取得异质文化的和谐，从而形成一种文化上的聚合力。康熙十八年（1661 年）的博学鸿词科无论是题目的灵活性，还是录取标准的宽松性，都是常科中从没出现过的。这表现出康熙年间朝廷力图改革科举制、不拘一格吸纳人才的决心。由于带有极强的改革性质，此次博学鸿词科收到很好的效果。此次共荐举 143 人，最后选出的 50 人均为名重一时的重要人物，他们在清朝政治、文化领域发挥了重要作用。

乾隆朝统治已极为稳固，士人殆无文化认同偏见。统治者对文人不过“倡优畜之”，再开词科只是点缀升平。乾隆元年（1736 年）开设的博学鸿词科无论从考试形式上看，还是考试的最终目标看，都与常科无任何区别：以经术为根底，其目的是考查士子的政治识见以及为人处世的态度。与康熙年间博学鸿词科相比，乾隆年间的博学鸿词科缺乏改革意识，缺少自由度，要求过于严苛，录取的 15 人在政坛、文坛、学界均无重要影响，倒是落选的沈德潜、厉鹗、桑调元、顾栋高、程廷祚、胡天游等在乾隆前中期影响极于一时。①

在科举制的历史上，常科考试科目虽然有所变化和调整，但更能体现官方选拔人才标准变化的是制科。清朝康乾年间的博学鸿词和光绪年间的经济特科等都具有改革的性质，然而受时代背景的影响，相似的制科科目在不同的朝代、不同的时期，取得的效果往往不同。博学鸿词科在康熙和乾隆年间的举办效果清楚地证明了这一点。

① 参见张丽丽：《清代两次博学鸿词科对诗坛的影响》，《湖北民族学院学报》2012 年第 4 期。

七、八股文

八股文是在宋朝经义的基础上演变而成的一种命题作文，有固定的结构，由破题、承题、起讲、入手、起股、中股、后股、束股八个部分组成。其中，起股、中股、后股和束股四个部分是文章的主体，各有两股，合称“八股”，八股文之名由此而来。

开头叫“破题”，说明文章题目的意义与内容，文字简练含蓄，把题义破开，类似我们今天常说的点出文章主题。如试题“吾十有五而志于学”(《论语·为政》)，破题可作“圣人有志于学，十五而已然矣”。其次是承题。承接破题的意义而引申说明之，语言明快，意义连贯。如“吾十有五而志于学”的承题可作“夫人孰不学，而志于学者卒鲜。此圣人所为自信于十五时欤”。破题与承题文字不多却很重要。在《红楼梦》第八十四回中，贾政查阅贾宝玉的“窗课”，即塾中习作的八股文，只对三篇文章的破题与承题进行一番评论，就可了解文章的全貌，因为它们揭示了全文的主旨。再次是起讲，即议论的开始。因为八股文要“代圣贤立言”，即作者把自己当作圣贤的代言人，所以起讲通常用“意谓”“若曰”“以为”“且夫”“尝思”等字开头，总括全题，笼罩全局。这三个小部分合起来被统称为“帽子”，只是说明题意。

起讲后用一二句或三四句引入本题，称之为“入手”。起股、中股、后股、束股这四个部分是文章的主要部分，每一部分都有两股两相比偶的文字，共计八股，其文字繁简，声调缓急，都要相对成文，一反一正，一虚一实，一浅一深，都很严格。

八股文的字数，有明文限制，违者不录。(见图 8–6) 八股文的试题出自“四书五经”，考生预先就把书中可以作为试题的部分写成若干篇文章，或请人代作文章，平时只是死记硬背，寄希望于侥幸猜中。也有些儒士专门选编八股文，

以致选编八股文渐渐成为一种行业。不仅私人编，官方也编，清朝八股文选的仿刻泛滥成灾。考生们死读硬背，临到考场就“剿袭”一番，甚至只知八股文，连本经都一无所知。①

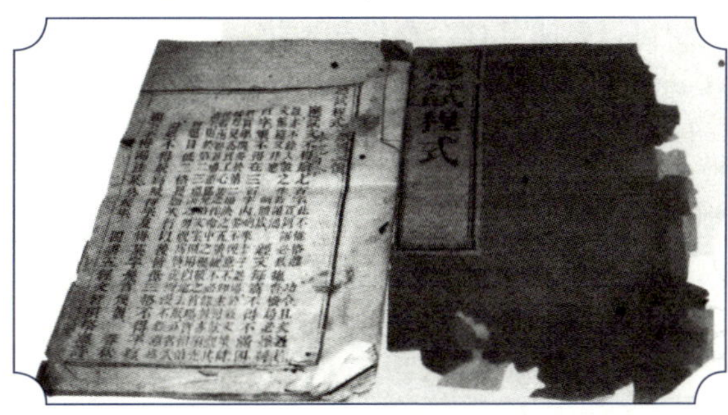

图 8–6 清应试程式

八股文对于考试文体的标准化，促进人才选拔的客观公正，是有积极意义的。从文章的写作技巧与方法上看，它善于变换运用词汇，重视修辞手段，讲究对仗、用典，不能失粘、出韵等等，也不是完全没有艺术价值。但八股文形式死板，内容空洞，陈陈相因，千篇一律，要求作者用古代圣贤的思想和口吻，不得越雷池一步；同时，在形式上必须按照一定格式和字数填写，毫无自由发挥的余地，禁锢了士人的思想，严重败坏士风、学风和社会风气，对学校教育的危害尤为严重。鲁迅在《透底》一文中说：“八股原是蠢笨的产物。一来是考官嫌麻烦——他们的头脑大半是阴沉木做的，——甚么代圣贤立言，甚么起承转合，文章气韵，都没有一定的标准，难以捉摸，因此，一股一股地定出来，算是合于功令的格式，用这格式来‘衡文’，一眼就看得出多少轻重。二来，连应试的人也觉得又省力，又不费事了。”②

八、科举作弊

科举得第，入仕做官，成为当时士人梦寐以求的人生理想。秀才、举人和进士，

① 参见郭齐家：《中国古代考试制度》，第 170 ～ 172 页。
② 鲁迅：《伪自由书》，人民文学出版社 1973 年版，第 86 页。

不仅可以表明其社会身份和地位，同时意味着荣华富贵和光宗耀祖。巨大的物质利益和精神诱惑，促使士人终身皓首穷经，竭尽全力去获取它，甚至不惜铤而走险，以身试法，营私舞弊。科场作弊手法（见图 8–7）[①]五花八门，诸如夹带、割卷、枪替、通关节、贿买、钻营、传递、顶名、冒籍等各种名堂，屡见不鲜。

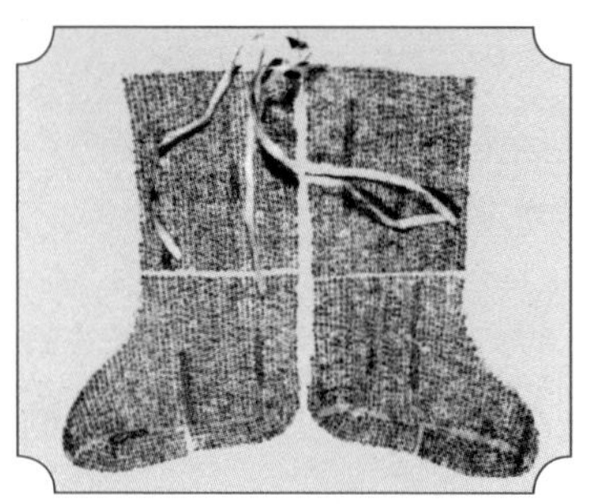

图 8–7　考试作弊的靴袜

夹带是科举考试中最常见的作弊手段，搜查夹带也是科场关防的主要任务。夹带的东西无非是跟考试有关的经书典籍，或者是前人高中者的优秀例文，或者是好事者猜题拟作的范文等。然而考生舞弊手段越来越巧妙，有的是事先请善于写字的人把“四书五经”用蝇头小字抄写在金箔纸上，每页一编，工价 3 分。经书有千篇，厚度还不到 3 厘米。然后把这些薄纸片藏在毛笔管中，或藏在厚砚台底部，或藏在草鞋底间。此外，还有人用药汁做墨，把经书抄在青布裤上，毫无形迹。进入考场之后，用泥土涂抹，随即把泥土拂去，字就显现出来。这种衣裤，每件价银百两。

割卷是贿赂考官利用批阅试卷的机会调换试卷。如万历年间福建考生马某的考卷被人调换，导致马某落第自杀，有人却用被调换的马某考卷考上第四名。还有人贿赂誊录官与分卷官，受贿者在分卷与誊录时做手脚，把探听到的佳卷秘藏起来，投送到行贿者的名下，换卷誊录，或毁弃其试卷，把佳卷当行贿者的试卷。据沈德符《敝帚轩剩语》载，主考官阅卷疏忽，往往造成许多荒唐事，如有的考生抄袭坊刻旧文，不改一字，居然没有被发现。所以顾炎武批评说，阅卷只重头场的“八股文”，其实恐怕连八股文也不细看，只看破题与承题几句，试卷中的谬误错漏之处，在所难免。

① 刘景云、杨林、孙建军编著：《图说科举制度》，第 80 页。

枪替就是代考。自从有了科举，就有了代考。能替别人考试的人，一般都有才华，之所以替考，或者为金钱，或者为私情，或者为义气。唐朝科场纪律较为松弛，代考现象比较猖獗。宋朝中期后，科场纪律逐渐严格，代考越来越难，但不是没有。明万历四十四年（1616 年）会试共录取 356 人，第一名是沈同和。结果一公布，议论四起。原来，沈同和的父亲任河南巡抚，他本人连字都不认识几个，怎么可能中会元？殿试时，沈同和连题目都看不明白，于是被送到刑部拷问，原来有的文章是他通过夹带抄袭别人的，有的是由邻号赵鸣阳捉刀代笔的。事情败露后，沈同和、赵鸣阳被远谪戍边。

通关节是考官与考生串通起来作弊，通常是双方约定记号，考生在考卷上标注记号，考官见到记号后给予好成绩。清乾隆十四年（1749 年）已巳科殿试后朝考，阅卷大臣与考生串通，在应试文章内暗示姓氏，以通关节。是科阅卷大臣拟取各卷进呈，所拟第一名严本的卷中有“人心本浑然也，而要必严办于动静之殊”句，暗通考生姓名。所拟第二名卷中，用“维皇降表”暗告考生王世维之名。拟取为第三名的鲍之钟，其文内有“包含上下”句，“包”为“鲍”之半，且谐音以通姓氏。拟取为第五名的程源，其文有“成之者性也”，“成”与“程”谐音，以示其姓。乾隆皇帝亲折弥封审阅试卷时，发现其中的破绽，认为这绝非偶然巧合，遂命军机大臣同原阅卷官复核，将作弊者置榜末，并将阅卷大臣交部议处。

针对这些作弊手段，各朝统治者进行严厉打击，宋、明、清三朝的考试制度越来越严密，规矩也越来越多，防范与惩治办法也越来越精细，如弥封、誊录制度的采用等。但是只要有考试这种选拔人才的形式，作弊与反作弊的斗争就不会轻易落幕。

九、科场案

科场案指由科场舞弊引发的案件。自宋朝开始，科举成为进入仕途的主要

途径，然而考试的录取率又比较低，因此，许多士子铤而走险，通过舞弊的方式获得录取机会。事情败露后，这些士子连同主考官等官员均受到严重的惩罚。明朝科场案影响较大的有南北榜案和唐寅案，清朝则有发生在顺治、康熙和咸丰三朝的案件。

明洪武三十年（1397 年），翰林学士刘三吾奉诏与王府纪善、白信蹈主持当年会试。由于所录取的 51 名进士全部为南方士子，又称“南榜”。北士群情激愤，朱元璋得知后十分恼怒，命刘三吾、侍读张信等人复查试卷，更改皇榜，增录少量北方士子以平息风波。湖南茶陵人刘三吾耿直狷介，刚正不阿，认为自己是照章行事，公正无私，问心无愧，拒不更改皇榜。张信等人复查的结果也依然如故，并奏称南士的最后一名也远超北士的第一名。朱元璋雷霆震怒，白信蹈、张信等 20 余人祸从天降，命丧黄泉。刘三吾因为已是风烛残年，被从宽处置，发配戍边。皇榜被废，同年六月重新组织会试，所录 61 人又全系北方人，又称“北榜”。这起一年两榜、数十人横遭不测的科场事件，就是所谓的“南北榜案”。

明弘治十二年（1499 年）会试时，策问题目用典生僻，士子多不通晓，独有一篇文章超群出众，脱颖而出。一时间，舆论哗然，议论纷纷，声称唐寅与江阴富家子弟徐经合谋，买通主考官程敏政的家奴，预先获悉题目。明孝宗命大学士李东阳严加复查，结果并无实据，而且唐寅、徐经“二卷俱不在取中正榜之数”，但是事情闹得沸沸扬扬，影响十分恶劣。孝宗大怒，相关人等悉数受到惩处。这起牵连甚广、轰动朝野的事件，就是所谓的“唐寅案”。

清顺治十四年（1657 年），顺天（今京津地区）乡试时，正考官曹本荣，副考官宋之绳，同考官李振邺、张我朴等人或欲结权贵，或贪财纳贿，公然在考场内互相翻阅试卷，照事先拟好的名单决定取舍。发榜后，众人不服，议论纷纷，考生集体到文庙去哭庙。给事中任克溥奏参，称中试举人陆其贤用银 3000 两，送考官李振邺、张我朴，所以得中。顺治帝闻奏大怒，立即令都察院会审。结

果审出同考官李振邺、张我朴等人受贿属实。于是，顺治下旨，将李振邺、张我朴、蔡元禧、陆贻吉、项绍芳、田耜、邬作霖等 7 人立斩，抄没家产，父母、兄弟、妻子流徙尚阳堡（今辽宁开原），有 108 人流徙宁古塔（旧城在今黑龙江安宁西海林河南岸旧街镇）。这就是所谓的“顺治丁酉科场案”。

清康熙五十年（1711 年）江南乡试，九月发榜，中试者除苏州 13 人外，其余多为扬州盐商子弟。其中句容县王曰俞所荐之吴泌、山阳县知县所荐之程光奎皆是文理不通之人，舆论大哗。苏州生员千余人集会玄妙观，推廪生丁尔戬为首，将财神像抬入府学，锁之于明伦堂，并争作诗词、对联到处张贴。两江总督噶礼将丁尔戬等拘禁，准备按诬告问罪论处。主考左必蕃、江苏巡抚张伯行分别奏报。康熙派户部尚书张鹏翮会同噶礼、张伯行以及安徽巡抚梁世勋在扬州详审。审讯中，噶礼、张伯行发生分歧，二人互参。张伯行劾噶礼贿卖举人，包庇罪犯；噶礼亦劾张伯行挟嫌诬陷，并罗列伯行从前不职数事。最终以噶礼革职、张伯行革职留任结案。然而，后来又审出副主考赵晋与同考官王曰俞、方名受贿，除前任安徽巡抚叶儿思已经病故，陈天立畏罪自缢外，其余均按律定罪。赵晋、王曰俞、方名斩立决；吴泌、程光奎等均绞监候；主考左必蕃失于觉察，革职。这就是所谓的“康熙辛卯科场案”。

清咸丰八年（1858 年）顺天乡试，主考听从嘱托，撤换试卷。副主考程庭桂在入闱后，其子程炳采收受关节条子，交家人带入场内。尽管主考本人没有受贿，程庭桂之子也未被录取，但当时掌握朝政大权的载垣、端华、肃顺等人为排除异己，不惜深文周纳，构成大狱，先后斩决五人，流徙、革职、降级调用、罚俸等数十人。其中，大学士柏葰作为当场主考，不仅是清朝科场案中唯一被斩处的一品大员，而且也是在科举史上死于科场案的官员中职位最高的。这就是所谓的“咸丰戊午科场案”。①

① 参见刘海峰：《科举学导论》，华中师范大学出版社 2005 年版，第 303 ～ 306 页。

十、科举趣闻

唐朝诗人王建有诗曰："一士登甲科，九族光彩新。"贫寒者希望通过科举平步青云，富贵者希望通过科举长盛不衰。一批批的应试者前赴后继，产生一幕幕科举趣闻。

超高龄考生。科举对参加考试实行"上不封顶，下不保底"的政策，无论什么年龄段的都可以报考。因考试涉及"四书五经"等海量诗书典章，所以能通过预试到江南贡院进入乡试的，极少有"神童"；相反，"范进们"倒是常见。清康熙三十八年（1699 年）顺天乡试，考生黄章已达 100 岁；乾隆五十一年（1786 年），98 岁的广东考生谢启祚中举人。他还作诗自我解嘲云："行年九十八，出嫁弗胜羞。照镜花生面，光梳雪满头。自知真处子，人号老风流。寄语青春语，休夸早好逑。"道光六年（1826 年）春季，在北京举行会试。在众多的举子当中，有一位两鬓苍苍、年已 103 岁的老人，他便是来自广州府三水县的陆云从。主考官发现这位举子竟是年逾 100 岁的老人，十分吃惊，便立刻上奏皇上。道光皇帝很高兴，认为这是"人瑞"，是吉祥的预兆，当即赐给陆云从老人国子监司业的官衔。

名字决定状元归属。科举中，有因为名字不为皇帝喜爱而被降置后等的。如明永乐二十二年（1424 年）殿试原定孙曰恭为状元，但皇上说"曰恭"合起来是"暴"字，于是降他为探花。同时，皇帝发现考生"邢宽"名字好，表示刑法尚宽，寓意仁政，而与"暴"政相反，遂钦定邢宽为状元。明天顺四年(1460 年）殿试，初定祁顺为状元，但有的考官认为祁顺的名字与皇帝英宗朱祁镇的名字音调接近，传胪唱名时多有不便，于是换王一夔为状元。明嘉靖二十三年（1544 年）殿试原定吴情为状元，但皇帝认为此人"无情"，怎能当状元？遂降为第三。正当圈定名次之时，忽然高悬的殿幡被风刮起，结成一个"雷"字形状，考官们受到启示，赶忙在名单中找出一个叫"秦鸣雷"的，于是秦鸣雷当上了状元。

清朝也有这样的事。光绪二十九年（1903 年）癸卯科殿试，正值光绪皇帝三旬寿辰，当考官们在确定殿试名次时，忽从名单中发现“王寿彭”三个字，觉得“寿比老彭”意思深远，决定录取王寿彭为本科状元，以示给皇上祝寿，祥瑞吉利。光绪三十年（1904 年）甲辰科，读卷大臣原拟朱汝珍列第一名，又怕慈禧太后不悦，因光绪帝宠妃珍妃向为慈禧所恨，且已被置死，而朱汝珍的“珍”字与之相合。是年又值久旱不雨，见到刘春霖的名字，以为吉祥，遂定为一甲一名，刘春霖成为“第一人中最后人”。①

连中三元。乡试第一名称“解元”，会试第一名称“会元”，殿试第一名称“状元”。一身兼有“解元”“会元”“状元”的，又称“连中三元”。“连中三元”可谓是读书人的最高追求，能得此殊荣的人少之又少。据清王之春所著《椒生随笔》载，唐朝以来“连中三元”的共有 13 人，分别是唐朝的张又新、崔元翰，宋朝的孙何、王曾、宋庠、杨置、王岩叟、冯京，金朝的孟宗献，元朝的王崇哲，明朝的商辂，清朝的钱棨、杨继昌。然而这些人在历史上的功绩和声名却不如王安石、欧阳修等，这说明考试成绩与才能并不完全相等。（见图 8–8）

图 8–8　明 · 仇英《观榜图》局部（台北“故宫博物院”藏）

① 参见郭齐家：《中国古代考试制度》，第 189 ～ 190 页。

第九章 教育家

知识的传承离不开教师，然而不是所有的教师都是教育家，也不是所有的教育家都要传授多名学生。在中国古代教育史上，能够称得上教育家的是这样一群人：他们或者教书育人，培养了众多知名弟子；或者潜心学术，提出独特的教育理念；或者执掌权力，主持教育发展改革等等。无论哪一种情况，都为教育事业的发展做出了突出贡献。

春秋战国是私学兴盛的时代，也是教育家辈出的时代。孔子是第一位有史可考的教育家，他在“礼崩乐坏”的春秋时期，试图利用教育的力量改进社会，提出一系列教育主张，培养了大批弟子，为传统教育理论奠定了基础，他的教育思想成为传统教育的主流思想。战国时期，孔子开创的儒学教育发展出注重内发的孟子学说和注重外铄的荀子学说，他们分别以仁义和礼法为中心，充实儒家教育学说。以墨子为代表的墨家教育脱胎于六艺教育，却走向与儒家不同的道路，在培养目标、教育内容和教学方法等方面都显示出特色。以老庄为代表的道家追求发展人的自然天性的教育，把遵守社会原则的教育视为对人性的摧残，倡导认识和学习中的独立思考。以韩非子为代表的法家排斥知识和道德的价值，强调专制主义的教育原则，意味着战国教育思想争鸣的终结。

西汉中期，董仲舒适应政治上的大一统局面，提出尊儒家、兴太学、重选举的教育政策，推动汉朝逐步形成以儒家经籍为基本教学内容的学校教育系统。西汉后期的扬雄长期从事教育活动，专门授徒讲学，总结了不少有关教育的理论和经验。东汉前期的王充重视环境与教育在人的培养中的作用，主张“学而后知”的学习论，反对呆读死记的学习方法，提倡问难探索的学风，对以后唯物主义教育思想的发展有一定影响。东汉后期的郑玄在注释儒家经典、打通今古文经学的过程中，阐释自己的经学教育思想，培养出许多知名弟子。

魏晋南北朝时期，面对不可逃脱的乱世和无法预知的未来，世家大族更注重家庭教育，并以家学为专业，带动家训、家诫等有关家教的著述大量出现，如曹操的《戒子植》、曹丕的《诫子》、王肃的《家诫》、嵇康的《家诫》、夏侯

湛的《昆弟诰》、陶渊明的《与子俨等疏》和《命子诗》、王筠的《与诸儿书论家世集》，而诸葛亮的《诫子书》和颜之推的《颜氏家训》是其中的代表作，他们在家庭教育方面为后世做出榜样，同样属于教育家。

隋唐与秦汉相似，都是在历经几百年的混战后重建大一统政权。不同的是，秦汉实行思想上的单一政策，隋唐则儒、佛、道并立。思想的宽松为教育家的产生提供背景，这一时期的教育家如隋朝的大教育家王通，唐朝初年的教育家孔颖达、中期的韩愈和柳宗元以及后期的李翱等，在教育目的、教材建设、师道和教育过程等方面提出了许多新的见解，为隋唐教育史添上浓墨重彩的一笔。

宋朝的教育思想界异常活跃，涌现出一批有重要影响的教育思想家和实践家，如范仲淹、欧阳修、王安石、司马光、苏氏父子、曾巩、周敦颐、邵雍、张载、二程等，他们或幼承庭训，或寄读僧舍，或游访大师，既是杰出的政治家、文学家，也是出色的教育家，在教育改革、教材编纂、教育思想、教学活动等方面争奇斗艳，交相辉映，极大地发展了传统教育理论。

明朝教育比较发达，国子监及府、州、县学中出现了一批有影响的教育家，如陈敬宗、李时勉、曹端、薛瑄、陈选等。但明朝前期，程朱理学主导着当时的教育界，在教育制度建设日益规范化的趋势下，他们的思想不敢越雷池一步，教育理论的发展相对缓慢，直到明中期王明阳出现之后才改变了这种局面。王阳明创立与程朱理学异趣的心学体系，在许多地方从事讲学活动，传播自己的教育思想，形成中国教育史上重要的阳明学派，影响了此后 100 多年的教育界。

清朝黄宗羲、王夫之、颜元、陆世仪等教育家站在时代的高度，抨击传统教育，尤其是宋明理学教育，揭露科举考试制度的危害，重视学习包括自然科技知识、军事知识和技能在内的经世致用之学，强调“学贵实行”“学贵适用”“习行”等联系实际的教育、教学原则和方法，在当时和后来都有重要的影响。

一、孔　子

孔子（前 551 ～前 479 年），名丘，字仲尼，春秋末期鲁国陬邑（今山东曲阜东南）人，儒家学派创始人，古代著名的思想家和教育家。（见图 9–1）

孔子年少时生活贫困，为了谋生，不得不在鲁国的权臣季氏门下做管理仓库和畜牧的小官等低贱的职事。生活的磨难没有浇灭孔子心中学习的念头。15 岁时，他就确立了坚定不移的学习志向，自觉地学习传统的六艺。30 岁（前 522 年）左右时，他已经学有所成，兴办私学，开始了他的教育生涯。大约 40 岁的时候，孔子完成自己的学说，并通过招收弟子，进行讲学，扩大了影响，创立了儒家学派。大约 51 岁时，孔子获得从政的机会，被鲁定公任命为中都（今山东汶上西）宰，后来被提拔为管理建筑工程的司空，再升任掌管司法事务的司寇。最终因为与权臣季桓子政见不同，孔子被迫辞职。看到自己的政治抱负在鲁国不能实现，55 岁时，孔子率领弟子周游列国，先后经过卫、曹、陈、宋、蔡、郑、楚等十几个诸侯国。所到之处，他一面宣讲自己的政治主张，一面坚持流动教学。68 岁那年，孔子返回鲁国，被尊称为“国老”。此后，他专门从事教育工作，编纂和校订书籍，招收学生。据说他的弟子累计达 3000 多人，知名的有 70 多人。公元前 479 年，孔子病逝。他的思想、学说和事迹，弟子们各有记录，后来汇编成《论语》一书，这是研究孔子教育思想最重要的材料。

图 9–1　孔子像（清 · 曾国藩《圣哲画像记》）

孔子是中国教育史上第一位教育家，他的教育活动在很多方面都是开创性

的，怎么评价都不过分。他首先提出教育在社会发展和人的发展中的重要作用，认为教育是立国治国的三大要素之一，是个体发展的必备条件；创办规模较大的私学，开私人讲学之风，改变“学在官府”的局面，成为“百家争鸣”的先驱；实行有教无类的方针，扩大受教育的范围，使文化教育下移到平民；提倡学而优则仕，培养从政君子，为官僚制的政治改革创造条件；重视古代文化的继承和整理，编纂《诗》《书》《礼》《乐》《易》《春秋》并将其作为教材，保存了中国古代文化；总结教育实践经验，对教学方法进行新的创造，强调学思行结合的教学理论；首倡启发式教学，发展学生的思维能力；实行因材施教，注重发挥个人专长，造就不同类型的人才;重视道德教育，以仁为最高的道德准则，鼓励人们提高道德水平；提出道德修养应遵循的重要原则，重视立志，明确人生的前进方向；力求走中庸之道，自觉进行思想检查，改过迁善；要求教师具有良好的职业道德，“学而不厌，诲人不倦”，以身作则。

孔子所倡导这些教育理论、教学方法、教学内容和教育目的等，为中国古代教育奠定了理论基础，产生了重要的历史影响，是中华民族珍贵的教育遗产。

二、孟　子

孟子（约前 372 ～前 289 年），名轲，字子舆，战国邹（今山东邹城）人，战国时期的思想家和教育家，被尊奉为仅次于孔子的“亚圣”。（见图 9–2）

孟子是鲁国贵族孟孙氏的后裔，其父早逝，幼年得力于母教。孟母三迁及断杼教子的故事广泛流传，激励了一代又一代的父母纷纷效法。孟子崇拜孔子，受业于孔子的嫡孙子思的弟子。许多人都把他与子思视为一派，称“思孟学派”。孟子曾怀着自己的政治理想，带领弟子周游列国，历经宋、滕、魏、齐、梁等国，推行他的“仁政”学说。作为著名大师，孟子有时“后车数十乘，从者数百人”，往来于诸侯之间，其车乘之多、随从之众，已大大超过当年孔子周游列国时的

规模。在游历中，孟子不忘聚徒讲学。在齐国的稷下学宫任教期间，他被尊为“卿”，得到相当于上大夫的俸禄。虽然受到各国君主的礼遇，但孟子的主张始终不为当权者所用。晚年，孟子回到邹，专心著述、讲学，认为“得天下之英才而教育之”是一大乐趣。他非常热爱教育，门下有许多弟子，著名的有万章、公孙丑、乐正子、公都子、屋庐子、孟仲子等。《孟子》一书是其弟子万章等人所记述的他的言行录。

图 9–2　孟子像（清·曾国藩《圣哲画像记》）

孟子的教育思想，在继承孔子教育思想的基础上，对教育的作用和目的，对于学习方法和教学方法等，作了新的论述。他认为人性本善，但人的本性仅具有善的萌芽，有待于以后的教育进行扩充和完善；如果得不到正确的教育，人的善端就得不到发展，甚至会向相反的方向转化，与禽兽无异。学校教育的目的是“明人伦”。所谓“人伦”，就是五对社会关系，即父子有亲、君臣有义、夫妇有别、长幼有序、朋友有信。教育就是通过实现“明人伦”来为政治服务的。

孟子认为学习是一个自然的过程，有自己的规律，必须循序渐进，不能拔苗助长。在学习过程中，学生集中精力并专心致志是取得良好效果的有力保证。人们学习上的差异取决于他在学习过程中是否专心致志，而不是天资的高低；学习必须有自己的收获和见解，不能一味地盲从书本上的知识，只有这样才能形成稳定而深刻的智慧，所以他有一句名言：“尽信《书》，则不如无《书》。”①教师的教学方法多种多样，总的精神是因材施教和启发诱导。学生的素质、才能和学习态度、条件等是有差异的，教师应当针对不同类型的学生采取不同的

① 《孟子·尽心下》。

教学方式、方法。对于学生，有的可以及时点化，有的应该成就其德，有的可以答其所问，有的则要发展其能。教师要启发和诱导学生，采取“引而不发”的方法，激发学生有进无退的学习积极性，引导学生自己思考，自己解疑，教师不能包办代替。

孟子身处战国中期严酷的兼并战争年代，他的教育思想表现出对人的重视和对人的肯定评价。他的性善论开创中国教育史上强调个体理性自觉的“内发说”。他对教育作用的阐述，对大丈夫理想人格的议论，对教学过程及教学方法的见解，体现对人的主观作用的提倡。孟子的思想对于激发民主精神，高扬民族气节，起了重要的启蒙作用。

三、董仲舒

董仲舒（前 179 ～前 104 年），西汉广川（今河北景县）人，著名思想家、政治家和教育家。（见图 9–3）

图 9–3　董仲舒像

董仲舒是《春秋》公羊学派的大师，出生于一个富有藏书的家庭，从小受到良好的教育。他学习十分专心刻苦，以“三年不窥园”的治学精神，赢得了士人的尊敬，求学者络绎不绝。由于学生众多，他还创立“弟子传以久次相授业”的制度，即由高材生或老学生向程度较差或新学生转相传授老师所教内容。有些学生跟他学习多年，却很少直接听他讲课，有的人甚至没有见过他的面。汉武帝即位不久，让各地举荐贤良文学之士，以备咨询问对，董仲舒也在被举之列。他给汉武帝的三篇对策写得十分精彩，充分显示了他的政治卓识和学术造诣之深，颇受汉武帝赏识。元光元年（前 134

年），董仲舒任江都易王刘非的国相10年；元朔四年（前125年），任胶西王刘端国相，四年后病免归家，结束仕宦生涯，著书讲学以终。汉政府仍然重视他的学问和见解，每逢有国家大事，就派专使来征询意见。董仲舒自己经常注意国家的气象、经济与民生等问题，及时向政府提出建议。有关董仲舒的著作，今存由后人辑录的《春秋繁露》82篇，《汉书·董仲舒传》载有他的《天人三策》等。①

董仲舒的教学活动，史书上记载得不多。他在教育史上的贡献，体现在对教育理论的阐发、对教育体制的规划和对教学内容的设定上。在《春秋繁露》和《天人三策》中，董仲舒提出他关于教育的理论和构思。他把人性分为上、中、下三品，认为上品之性生来就善，下品之性生来就无善质，且教而不能善，中民之性是“有善质而未能善”。教育对于不同的人所起的作用各不相同。上品之性的人能够自觉控制自己的感情欲望，注定要向善的方向发展；下品之性的人感情欲望强烈而很难进行自我节制，注定要向恶的方向发展，只有用刑罚才能制止他们作恶。中品之性的人最多，可以为善，也可以为恶，是教育的主要对象。要通过教育节制他们的欲望，扩充他们的善质。

董仲舒认为朝廷求得贤才最根本、最可靠的办法，要兴办太学，通过学校培养贤士。他对汉武帝说：平日不培养士，而想求得贤士，就像玉不经过雕琢而要求玉有文彩一样；培养贤士没有比办太学更为重要的。太学设在国都，在朝廷的直接管辖之下，聘请高明的教师培养天下的士人，经常地考问他们，以发展他们的才能。这样，英俊的人才就可以得到了。正是由太学培养出来的人才受过系统的儒家经典的教育，所以选派他们担任各级官吏，便可以按照儒家的一套统治术去教化万民。太学是培养人才的场所，也是推行教化统治术的一项根本性措施。

① 参见张光奇编著：《中国古代教育》，第116页。

在教育内容上，董仲舒认为政令的统一必须以思想学术的统一为前提，他要求改变汉初那种“师异道，人异论”的学术混乱局面，主张以儒家“六经”为教材，道德教育则以“三纲五常”为内容。所谓“三纲”，就是“君为臣纲，父为子纲，夫为妻纲”。所谓“五常”，就是“仁、义、礼、智、信”。“三纲”是道德的基本准则，“五常”是与个体的道德认知、情感、意志、实践等心理、行为能力相关的道德观念。“三纲”与“五常”结合的纲常体系成为社会道德教育的中心内容。

董仲舒为传统教育的确立和巩固制造了理论，为汉朝文教政策的制定和教育改革提供了方案，在儒学和教育发展中均起了重要作用，是中国传统教育确立时期的重要代表人物。

四、郑　玄

郑玄（127 ～ 200 年），字康成，东汉北海高密（今山东高密）人，著名的经学家、文献学家和教育家。（见图 9–4）

图 9–4　郑玄像（清·曾国藩《圣哲画像记》）

郑玄自幼有志于经学，在外求学近 20 年，师从经学大师第五元先、张恭祖和马融。桓帝延熹九年(166 年),他在 40 岁的时候结束求学生涯，回到家乡，以种地为生，同时继续研究学问，聚徒讲学。这时他已成为全国著名的精通今古文经学的大师，追随他的弟子已经达几百甚至上千人。献帝建安元年（196 年），郑玄 70 岁的时候，在病中为其子益恩写下著名的《戒子书》。建安五年六月，袁绍与曹操对峙于官渡，袁绍子袁谭遣

使逼 74 岁的郑玄随军。郑玄不得已，带病坚持到元城县（今河北大名东）后病卒。郑玄注解过的经书有《三礼》《古文尚书》《毛诗》《论语》《周易》等，对两汉以来的今古文经学进行了全面的加工改造，树起郑学的大旗。

郑玄的教育思想并未结集，主要反映在其注解的经典中。他继承儒家重视教育的传统，吸取汉朝关于“天人感应”以及阴阳五行和本末论方面的思想，对教育的作用、教育的内容、教学原则和教师的素养作了进一步的阐发，虽不成体系，但是对教育中的很多问题都有精辟的见解。他明确指出，教育的作用在于“进”，用以促使本有的良好素质得以发扬光大。他以“玉虽美，需雕琢而成器”的比喻来鼓励后生求学，强调后天学习的意义。郑玄把教育内容归结为两大类，即道德行为的培养和知识技能的传授。由于德行的培养是融合在社会生活中进行的，所以学校的教学活动总是以知识技能的传授为主，而体现着培养道德行为的精神实质。郑玄还通过教学活动，进一步践行自己的教育理念，进而提出一些具体的教育原则：志行合一，深思详解，因材施教，精研博览。在教学过程中，教师起着主导和支配作用。郑玄把教师本身的品德、学识以及教学态度视为教育成败的关键，对教师提出很高的要求：教师必须行以正直、精通学业、积极施教、不断深造。只有具备以上几个方面的品格和作风，才能当之无愧于崇高的地位和重要职责。①

郑玄的讲学活动盛极一时，培养了众多弟子，如赵商、崔琰、王经、国渊、任嘏、张逸、孙乾、刘琰、程秉、郗虑、许慈、王基等，这些弟子遍布河南、河北、山东、江苏等省份，有的成了大官，有的成了著名的学者。如郗虑官至御史大夫，王基和崔琰著称于世，国渊被郑玄赞为“国器”，任嘏被称“有道德”。

郑玄生活的时代，适逢东汉末年衰乱之世，他虽家贫而决意不仕，终生致力于经术，对两汉以来的今古文经学进行全面的加工改造，他的注解是后代经

① 参见张晓明：《试论郑玄的教育思想及其实践》，《青岛大学师范学院学报》2007 年第 3 期。

学教科书的重要组成部分。不仅如此，他还身体力行，广招学生发扬经学，不仅是中国学术史上的一位伟人，也是教育史上的一位巨匠。

五、韩　愈

韩愈（768 ～ 824），字退之，唐邓州南阳（今河南孟县）人，祖籍昌黎（今辽宁锦州东），世称韩昌黎、昌黎先生；谥号文，又称韩文公；“唐宋八大家”之一，著名的教育家。（见图 9–5）

图 9–5　韩愈像

韩愈早年流离困顿，生活虽然贫困，却刻苦好学。德宗贞元八年（792 年），韩愈进士及第，先后为节度使推官、监察御史。德宗末因上疏时政之弊而被贬为阳山令。宪宗时曾任国子博士、史馆修撰、中书舍人等职。宪宗元和十四年（819 年），韩愈因谏阻宪宗奉迎佛骨被贬为潮州刺史。穆宗即位后，奉旨回京，历任国子祭酒、兵部侍郎、吏部侍郎、京兆尹兼御史大夫。穆宗长庆四年（824 年）去世，赠礼部尚书。韩愈的作品收集在《昌黎先生集》中，涉及教育的有《师说》《进学解》等。

韩愈先后做过四门博士、国子博士、国子祭酒，直接从事教育与教学工作。他在任四门博士时，曾请求恢复国子监的生徒；在任国子博士时，写作了《师说》《进学解》等名作；在任国子祭酒时，主张严选教官，坚持每日会讲的制度，积极整顿国学。他以身作则，建立良好的学风，这是值得后人嘉许和赞佩的。他任地方官时，仍十分重视教育工作，不仅写了《子产不毁乡校颂》一文，提倡兴办地方官学，而且从自己的俸禄中拿出一部分来办学。他被贬为潮州刺史时，潮洲人不知道学习，韩愈任命赵德为教师，从此潮州士人都专心于学问。

在教育哲学上，韩愈直接继承了董仲舒的思想，从天命论出发，提出“性三品说”，认为教育对不同的人性发挥不同的作用。上品之人先天具有仁义善性，教育能使他们的行动符合道德准则；中品之人既可能向上也可能向下，存在被改造的可能性，教育能使他们往上品靠拢；下品之人的行为违背道德准则，教育对他们不起作用，只能使用刑罚。因此，教育只对特定的人发挥作用，没必要普及到每一个人。在学习方法上，他主张努力勤学，他的名言“业精于勤，荒于嬉”，说的就是学业的精进要靠勤学，终日嬉游则会导致学业荒废；多读博学，除了儒家的经传之外，还应遍及百家，以扩大知识面；积极思考，对于书本上的内容，不能食而不化，要运用感觉器官与思维器官，明白书中义理。在教师问题上，韩愈继承和发展了前人关于师道的观点，认为人不是“生而知之”，必须加强后天学习，而且学习时一定要有教师指导，这就对教师的必要性作了新的论证。教师的任务是“传道、授业、解惑”，即传授儒家仁义之道，讲授儒家六艺经传与古文，解决学生在学习道与业的过程中所提出的疑难问题，这就对教师的基本任务作了新的概括；师与道是密切结合、不可分离的，教师的选择以“道”为准，“道之所存，师之所存”，所以“弟子不必不如师，师不必贤于弟子”，这又对师生关系作了新的界定。在唐朝中后期师道观已逐渐淡化，世人不以相师为荣、反以求师为耻的背景下，韩愈为中国教育史提供了新的进步的见解。

韩愈一生，几经沉浮，仕途屡遭挫折。他能在这样的人生境遇中，多次担任不受世人重视的教育官职，高举儒家教育的大旗，提出鲜明的教育主张，对后世产生了广泛的影响。

六、王安石

王安石（1021～1086年），字介甫，号半山，宋抚州临川（今江西临川）人，人称临川先生、王荆公、王文公，北宋杰出的政治家、文学家和教育改革家。

图 9–6 滕王阁壁画（中为王安石）

（见图 9–6）

仁宗庆历二年（1042 年），王安石进士及第，开始了他的仕途生涯，此后任职州县官历时 18 年。任官期间，他注重考察、体验民情，吏政之余，着意于教育，并对教育改革的理论问题进行了认真的探讨。王安石在庆历三年(1043 年）所撰的《李通叔哀辞》中，论及为学的目的，当切入道德，本于古，并指斥华浮荡肆之学。此后在鄞县（今浙江宁波）任职和寓居江宁时,他又热心创办学校，渐开临川学门，为朝野学士大夫所瞩目。他在鄞县所撰的《慈溪县学记》和在江宁所撰的《虔州学记》，高度评价了兴学立教的意义。嘉祐三年（1058 年）写的《上仁宗皇帝言事书》是王安石在“熙宁兴学”之前最重要的代表作品。在这篇文章中，王安石围绕着人才的中心课题，提出根治北宋教育、科举、吏治弊病的改革方案。英宗治平年间（1064 ～ 1067 年），王安石因母丧居江宁，从事授徒讲学活动。神宗熙宁二年（1069 年），任参知政事（副宰相）；次年，拜同中书门下平章事（宰相），主持变法。因守旧派反对，熙宁七年罢相。一年后，宋神宗再次起用王安石，旋又罢相，退居江宁。哲宗元祐元年（1086 年）病逝于钟山（今江苏南京）。王安石的著述很多，现存《临川先生文集》和《王文公文集》等，其中《上仁宗皇帝言事书》《原教》《伤仲永》《慈溪县学记》《虔州学记》等，比较集中地反映了他的教育思想。

王安石在宋神宗熙宁年间（1068 ～ 1077 年）发动了在政治、经济、军事和文化教育等方面的一系列改革，意图富国强兵，挽救宋朝的政治危机。其中，在文化教育方面的改革，又称“熙宁兴学”，包括四个方面的内容：扩增太学校舍，充实整顿太学师资，创立“三舍法”以考核太学生；恢复和发展州、县地方学校，

设置学田为学校提供经费来源，通过考试以保证教师的质量；恢复和创设武学、律学和医学，并规定了教学内容和考核方式，以发展专科教育；编撰《三经新义》，作为官方指定教材，也是科举考试的基本内容和标准答案。这些教育改革使北宋教育出现了转机，进入了一个新的发展阶段。王安石不避流俗，以一个无可争辩的教育改革家的形象出现在中国古代教育史上。

在教育思想上，王安石十分重视学校教育对于治国安民的重要作用。他从一个政治家的角度，明确提出国家兴学设教的根本目的在于培养“为天下国家之用”的人才，这种人才应该具有实际的治国才能。相应的，教学内容应该以是否“为天下国家之用”为标准，而所谓“为天下国家之用者”主要指经术、朝廷礼乐刑政之事、武事三方面的内容。在人才培养上，他从变法图强的政治需要出发，提出陶冶人才系统理论的四个环节：教之之道，即人才的教育培养问题；养之之道，即人才的管理问题；取之之道，即人才的选拔问题；任之之道，即人才的使用问题。通过教、养、取、任四个环节，希望培养出能够胜任政治、军事、财政、经济诸方面的人才，改革整个官僚体制，以适应变法革新的需要。

王安石推行教育改革，发展官学，兴建地方学校，使宋朝教育为之一振。他崇尚实用的教育思想和人才培养理念，对北宋教育制度的形成及宋朝中后期教育的发展产生了深刻的影响。

七、朱　熹

朱熹（1130～1200年），字元晦，一字仲晦，号晦庵、晦翁、考亭先生、紫阳先生等，祖籍徽州婺源（今属江西），生于福建南剑（今福建南平）尤溪，后徙考亭，谥号文，尊称朱文公，宋朝理学的集大成者和教育家。[①]（见图9-7）

① 参见郭齐家：《中国古代学校》插页。

图 9-7　朱熹著书图（陈癸丞作）

朱熹于高宗绍兴十八年（1148 年）中进士，历仕高宗、孝宗、光宗、宁宗四朝，曾任泉州同安县主簿，知漳州、知潭州、焕章阁待制兼侍讲等职。朱熹平生不喜为官，仕宦七载，立朝仅 46 天，而把精力用于著书立说和讲学授徒上。绍兴三十二年（1162 年），朱熹上疏孝宗，建议以《大学》之道为修身立国之本，未被采纳，而后退居崇安武夷山寒泉精舍，授徒讲学，著书立说，前后达 15 年之久，其间完成了《近思录》《论语集注》《孟子集注》等重要著作。淳熙六年（1179 年），朱熹知南康军（今江西星子、永修、都昌等地），积极倡办教育事业，并经常亲诣学宫，为诸生讲说。同时，他还重建废坏已久的庐山白鹿洞书院，并亲自参加书院的教学、管理工作，为书院制定学规。其中，他亲撰的《白鹿洞书院揭示》成为历代书院模拟的范本，使白鹿洞书院最终发展为宋代影响最大的著名书院。淳熙八年（1181 年），朱熹知南康军任满，又退归故里武夷山授徒讲学，专研学术，期间多次与陈亮辩难王霸义利之学。淳熙十六年（1189 年），出知漳州，其间完成了《四书集注》的刊印。绍熙二年（1191 年），定居考亭（今福建建阳西南），创办竹林精舍，几年后扩建更名为“沧州精舍”。绍熙五年（1194 年），朱熹知潭州（今湖南长沙），为政之余，致力于复兴岳麓书院。他亲自规划设计，扩建学舍至百余间，学田增至数十顷，生徒达千余人。一时书院名声大振，学子云集，以至坐席不能容。书院在南宋盛行，几乎取代官学，这种盛况是与朱熹的提倡直接有关的。同年，朱熹经宰相赵汝愚的推荐，入朝受焕章

阁待制兼侍讲，担任经筵教官，为皇帝进讲《大学》之道，不久遭韩侂胄等人的排斥，罢出京师，仍回故里考亭著述讲学。庆元三年（1197 年），韩侂胄立《伪学逆党籍》，朱熹被指为伪学罪魁和伪师，仍著述不辍，讲学不休。在长期的教育实践活动中，朱熹培养的学生多达几千人，其中有名可查者即有 378 人。死后 9 年（1209 年），朝廷为其追赐谥号，正式平反。朱熹著述浩瀚，除《资治通鉴纲目》《伊洛渊源录》《四书集注》等 20 多种专著外，还有《朱文公文集》《朱子语类》等。主要教育著作有《大学章句序》《白鹿洞书院揭示》《学校贡举私议》《读书之要》《童蒙须知》等。

朱熹的教育思想博大精深，大致有三个方面得到世人的重视：一是对教育作用的认识。朱熹强调教育改变人性的重要作用，认为天理与人欲两相对立，教育的作用在于“变化气质”“明明德”，以实现“明天理，灭人欲”的根本任务。二是对小学和大学教育的探讨。在总结前人教育经验和自己教育实践的基础上，朱熹基于对人的心理特征的初步认识，把一个人的教育分为小学和大学两个既有区别又有联系的阶段，并分别提出了两个阶段不同的任务、内容和方法。8 ～ 15 岁为小学教育阶段，其任务是培养“圣贤坯璞”。15 岁以后为大学教育阶段，其任务是在“坯璞”的基础上再“加光饰”，把他们培养成为国家所需要的人才。与重在教事的小学教育不同，大学教育内容的重点是教理，即重在探究“事物之所以然”。朱熹关于小学和大学教育的见解，为中国古代教育思想增添了新鲜的内容。三是对读书方法的见解。他自己一生酷爱读书，对如何读书有深切的体会，并提出了许多精辟的见解。他的弟子将其概括为“朱子读书法”六条，即循序渐进、熟读精思、虚心涵泳、切己体察、着紧用力、居敬持志。“朱子读书法”比较集中地反映了古代对于读书方法的研究成果，是朱熹教育思想的重要组成部分。

朱熹热心于教育事业，不仅创办和修建了多所书院，孜孜不倦地授徒讲学，还提出了许多教育思想，并付诸实践，在中国教育史上占有重要的地位。

八、陆九渊

陆九渊（1139 ～ 1193 年），字子静，号存斋，宋抚州金溪（今江西临川）人，曾讲学于象山（今江西贵溪南），又称象山先生，南宋时期著名的思想家和教育家，宋明理学中心学派的创始人。

孝宗乾道八年（1172 年），陆九渊赐同进士出身，历任靖安县主簿、崇安县主簿、台州崇道观主管、荆门军知军等职，但未获高官。他为官清廉，务求实干，一生述而不作，著述很少，其著作由其子陆持之整理为《象山先生全集》，即《陆九渊集》。

陆九渊出身于教育世家，兄弟 6 人中有 4 人从事教育工作，在当时都有一定的影响。陆九渊中进士后，没有马上做官，而是回到家乡，开办槐堂（私学），教人辨志、辨义利，令人求放心，不以言语文字为意。这种别具一格的讲学方式吸引了大批学子，杨简、桂德辉、傅梦泉等纷纷前来就学。多年后，陆九渊讲学的地方发展为槐堂书院。淳熙二年（1175 年），吕祖谦约陆九渊兄弟与朱熹于信州（今江西上饶）鹅湖寺会讲，调解朱、陆分歧，史称“鹅湖之会”。淳熙十三年（1186 年），陆九渊主管台州崇道观讲学。次年在贵溪应天山讲学。陆九渊嫌应天山与佛教徒有瓜葛，于是根据山形，将其改名为“象山”，他本人自称象山居士，并修建象山精舍，讲学 5 年。全国各地来求学的学生和经常参加听讲的很多，人数在数千人以上。

在长期的讲学实践中，陆九渊形成了自己的教育理论。他从“心即理”的思想出发，认为世界都是“理”的产物或表现。在他看来，“理”即是“心”，“明理”即是“明心”，为学即以“明理”“明心”为根本。这在宋朝的理学教育思想中树出了新的旗帜。明理、立心、自作主宰，最后还是为了“做人”。因此，他认为教育的最终目的在于培养人，使之成为一个堂堂正正的人，成为一位顶天立

地的大丈夫。这种人具有独立的人格、高尚的道德情操以及强烈的自作主宰的精神，与孟子所谓“富贵不能淫，贫贱不能移，威武不能屈”的大丈夫有相同之处。在教育内容上，他把伦理纲常和一般知识技能技巧归纳为道、艺两大部分，主张以道为主，以艺为辅，认为只有通过对道的深入体会，才能达到一个堂堂正正的人的目的。因此，要求人们在“心”上下工夫，以发现心中的良知良能，体认伦理纲常。（见图 9–8）在学习过程中，学生要树立远大的志向，这是整个教育过程得以顺利完成的关键，同时要寻访明师。在教学方法上，他打破当时各个书院的教规，采用灵活的启发式方法，注意引起学生的学习兴趣，并根据学生的思想动态和状况，灵活运用方法，不拘泥一定的格式。

图 9–8　谈心图

陆九渊开办学堂（精舍），收徒讲学，从事教育活动，培养了一大批弟子，形成了独特的教育理论，注重学生自主的学问与思考，反对读死书，提倡躬亲实践，疑古惑经，不徇流俗，在程朱理学之外另立一派，对改变南宋及后世的学风起到了良好的作用。但是，他的教育思想忽视书本知识的价值，认识到心的作用却将其夸大，以至于心学在以后的发展中有些受挫。

九、王阳明

王阳明（1472 ～ 1529 年），本名王守仁，字伯安，浙江余姚（今浙江余姚）人，因曾筑室于会稽山阳明洞，学者称之为阳明先生，谥号文成公，后人又称其王文成公。他构建了与程朱理学异趣的心学体系，是著名的思想家、军事家和教育家。（见图 9–9）

图 9–9　王阳明像

王阳明于明弘治十二年（1499 年）中进士，历任刑部、兵部主事，因得罪宦官刘瑾被贬为贵州龙场驿丞，后任庐陵知县、南京刑部主事等职。正德十四年（1519 年），王阳明率兵平定宁王朱宸濠在南京发动的叛乱，受封新建伯，后官至右副都御使和南京兵部尚书。嘉靖八年（1529 年）病逝于江西南安府大庚县青龙港（今江西大余境内）舟中，隆庆年间追赠“新建侯”。其著作有《王文成公全书》38 卷，教育著作有《答顾东桥书》《稽山书院尊经阁记》《训蒙大意示教读刘伯颂等》《教约》等。

王阳明有一句名言：“破山中贼易，破心中贼难。”这句话也概括了他一生做的两件事：一是“破山中贼”。为此，他在江西以都察院左佥都御史职镇压农民起义，在总督两广军务时镇压了瑶族和僮族的少数民族起义。二是“破心中贼”。为此，他所到之处，制定规约，开办社学、书院，并亲自讲学。早在弘治十八年（1505 年），王守仁就开始讲学授徒，倡言“身心之学”，叫人“先立必为圣人之志”。贬谪龙场后，他开创龙同书院，又在贵阳的书院任主讲。从嘉靖元年（1522 年）到嘉靖六年（1527 年），他曾专门在稽山书院、龙泉寺中天阁聚众讲学，并从事著述。当时四方游学之士多集合于余姚一地，听讲者不断增多，盛极一时。王阳明从事讲学、兴学活动 23 年，弟子遍布各地，有名可考的达 400 余人。

王阳明教育思想是一个完整的体系，涵盖教育作用、道德教育和儿童教育等各个方面。他认为“良知”是“心”的本质，一切事物及其规律都包括在“良知”之中，先天的、不教自能的道德观念和品质都包括在“良知”之中。“良知”在人的整个生命过程中始终存在着，既不会减少，也不会丢失。但“良知”有一个弱点，即随时都可能被蒙蔽。要解除蒙蔽，途径有两条：一是靠教育。由于

人人具有良知，所以人人都有接受教育的先天条件。通过教育可以激发本心具有的“良知”，所以人人应该接受教育。二是靠提高道德修养，即道德教育。与程朱理学知而不行、知行脱节的“格物”以求理的教育途径不同，王阳明倡导“知行合一”，强调道德践履和实际行动对道德修养的重要性，主张通过静处体悟、事上磨炼、省察克治和贵于改过的方法，提高道德修养，自觉、主动地去除良知上的蒙蔽。王阳明十分重视儿童教育，他从“致良知”的要求出发，认为儿童时期“良知”保存最多，受蒙蔽最少，教育要从儿童时期开始，对儿童的教育应该采取积极的教学方法。针对儿童好动、注意力难以持久的特点，王阳明主张教学应该力求生动、多样化，要发挥《诗》《书》《礼》等各门课程多方面的教育作用。如“歌诗”不仅能陶冶精神，而且在高声吟咏歌唱的过程中，还可以调节、宣泄情感，这样才能使儿童的学习日有长进，就如春风时雨被及于草木一样，盎然生意。

王阳明一生，既带过兵打过仗，又兴过学讲过课，还著过书立过说，可谓集立功、立德、立言于一身，不仅在明朝中后期有深刻的影响，即使在日本、朝鲜半岛和东南亚，都有广泛的影响。

十、黄宗羲

黄宗羲（1610 ~ 1695 年），字太冲，号南雷，浙江余姚（今浙江余姚）人，学者尊称为梨洲先生，是明末清初伟大的启蒙思想家和杰出的史学家，与顾炎武、王夫之并称“明末清初的三大思想家”，同时也是一位著名的教育家。（见图 9–10）[①]

黄宗羲的父亲黄尊素（1584 ~ 1626 年），字真长，号白安，明万历四十四

① 该图录自黄炳垕：《黄梨洲先生年谱》（同治十二年刻本）卷首载“梨洲先生小像”，北京大学图书馆藏。

图 9-10　黄宗羲像

年（1616 年）进士，累官御史，因得罪魏忠贤，被害死于狱中。黄宗羲从小随父读书求学，19 岁时入京，当堂惩治陷害他父亲的凶手许显纯等；20 岁时拜刘宗周为师，攻读“二十一史”。顺治元年（1644 年），清军入关后，黄宗羲招募里中子弟数百人组成“世忠营”，在余姚举兵抗清，达数年之久，被南明授予监察御史兼兵部职方司主事之职。顺治十年（1653 年），黄宗羲返回故里，课徒授业，著述以终，至死不仕清廷。黄宗羲一生著述 50 余种，300 多卷，重要的有《明儒学案》《宋元学案》《明夷待访录》等。其教育著作则有《明夷待访录》中《学校》《取士》《留别海昌同学序》《广师说》等，闪烁着民主思想的光辉。

黄宗羲的教学活动主要集中于两段时间：一是康熙七年（1668 年）三月，在宁波创建并主讲证人书院，前后长达 8 年，培养学生有姓名可考者 60 余人，其中高足 18 位，培育了主张经世致用和擅长史学的学术风格，奠定了清朝浙东学派的基础。二是康熙十五年（1676 年）二月，应邀到海宁主持讲席，历时 5 年，培养学生 20 余人，对清初浙西学术文化的发展做出了贡献。康熙二十八年（1689 年），黄宗羲已 80 高龄，还兴致勃勃地在姚江书院讲学。黄宗羲讲学时间之长，成就学生之多，足以表明他是当时的一位大教育家。

黄宗羲认为，学校不仅具有培养人才，改进社会风俗的职能，而且还应该议论国家政事，即“公其非是于学校”，国家政策、措施及施政的是非不能由天子一人裁断，而应交由学校评议而定。这是他对于中国古代学校地位的独特论述，闪烁着民主思想的光辉。关于教育的内容，黄宗羲认为应该包括经学、史学、文学和自然科学四部分内容，具有广泛、实用的特点。在知识来源上，黄

宗羲虽然存在着王学思想的成分，但其基本的方面则是主张躬行实践以求知，力学致知。他自己更是以身作则，一生勤奋好学，并且老而弥坚。在教学方法上，黄宗羲认为求学贵在适于实用，学问与事功相结合，学用一致。从这一思想出发，他强调只有适于实用的知识才是真正的学问；求学还贵在创新，提出独立见解，反对“墨守一先生之言”，这是黄宗羲教学思想的又一显著特点。在教师的作用方面，唐朝的韩愈提出教师的作用是传道、授业、解惑。黄宗羲认为，除此之外，教师还必须从事清议，即主张教师议政，这个观点发前人所未发，是对传统教师职责理论的拓展和深化。

黄宗羲的教育思想在很多方面突破了以宋明理学为教学和考试内容的体系，提出了新的教育方案，其中不乏具有近代色彩的民主教育思想，对中国近代资产阶级的教育思想产生了重要影响。

十一、王夫之

王夫之（1619～1692年），字而农，号姜斋，湖南衡阳人。因晚年隐居于石船山，后人称船山先生，是明末清初的启蒙思想家和教育家。（见图9-11）

图9-11　王夫之像

王夫之出身于知识分子家庭，父亲王朝聘、叔父王廷聘都从事过授徒讲学活动。他自幼“颖悟过人”，4岁入私塾，7岁就读完“十三经”。10岁时跟随父亲学习“五经”经义，广泛阅读古代哲学和史学书籍。14岁出门就师问道，考入衡阳县学。24岁考中举人。崇祯十二年（1636年），他效法“东林”和“复社”，与郭季林等青年朋友组织了“匡社”。明亡后，为阻止清兵南下，他曾与好友管嗣裘等举兵抗清，后来投奔

桂王的南明政权。由于目睹永历小朝廷的腐败和官僚们苟且偷安，他大失所望，于是隐姓埋名，遁迹荒山野岭。为了躲避清军的迫害，他几度迁居。康熙十四年（1675 年），王夫之移居石船山下，构筑茅舍，取名“湘西草堂”，潜心著述，教授生徒，度过了人生最后 17 个春秋。王夫之一生著述极丰，有 400 多卷，生前均未刻印。现存有《船山遗书》共 72 种、258 卷。王夫之没有专门论述教育问题的著作,但在《读四书大全说》《礼记章句》《周易外传》《尚书引义》《俟解》《张子正蒙注》《思问录》《黄书》《噩梦》《读通鉴论》等书中，有许多关于教育问题的论述。

王夫之在研究儒家经典，考察历代政治得失，尤其是在总结明朝覆亡的沉痛教训中，深入思考教育的作用与目的，提出了自己的见解。他认为，人性是一种人类所具有的潜在的发展能力，与动物有着本质的区别。在人性的形成和发展过程中，“习”起着重要的作用。人的知识才能、道德观念“非性之本然”，而是后天教育与学习的结果，教育在人的发展过程中起着决定性的作用。他期望通过教育造就一批具有新的精神风貌的经世致用人才,承担起“救人道于乱世”的历史重任。因此，教育的目的并不是一般性地主张“学为圣贤”，而是提出要造就能“救人道于乱世”的豪杰。

王夫之既有丰富的教学实践，又能从唯物主义认识论的高度揭示教学过程的一些规律。在教与学的关系上，他认为在教学过程中，学生是主体，教学成功与否取决于他们是否“自悟”。学生的学习不是简单地模仿，或者被动地接受知识，而是一种自觉的认识过程；教师的作用，不在于传授多少知识，而在于启发学生“自悟”，使学生自己成为学习的主人。因此，教学过程是启发学生“自悟”的过程。在知行关系上，他既不同意朱熹的“知先行后”说，也不同意王守仁的“知行合一”说，而是主张行先知后，知行并进，相互为用。在学与思的关系上，他认为二者是互相依赖、互相促进的关系，只有二者并重，才能获得最佳的教学效果。在博与约的关系上，他强调学习要尚博尚实、多闻

多见，要从广博丰富的资料中提炼出精华来，“约”是建立在“博”的基础上的“约”，“博”则是在“约”的指导下的“博”，提倡把“博”与“约”有机地结合起来。

王夫之运用其朴素的唯物主义和辩证法深入探讨教育问题，在教育基本理论问题上提出了自己卓越的见解，这是他不可磨灭的历史功绩。

十二、颜　元

颜元（1635～1704年），字易直，又字浑然，号习斋，世称习斋先生，直隶博野（今属河北）人，清初著名的思想家和教育家，颜李学派的创始人。（见图9–12）

图9–12　颜元像

颜元小时候师从吴持明，学习骑射、医学和卜筮之术，广泛的涉猎为他教育思想上的创新打下了基础。后来他一度专门研究陆王之学，继而转向程朱之学。他曾依照“朱子家礼”居丧，觉得不合人情，于是由怀疑走上坚决批判程朱的道路，提倡恢复“周礼正学”，把学斋的名字从“思古斋”改为“习斋”，标志着他学术思想上发生了根本性的转变。24岁时，颜元在家中开馆授徒；26岁时，在西五夫村设教；33岁时应聘在新兴村设学馆；39岁时，从蠡县回到博野，在杨村教书；41岁时，因学生日益增多，就订立十二条规则，称《习斋教条》；62岁时，应郝公函之聘，主持河北肥乡漳南书院。他亲自规划书院规模，制定“宁粗而实，勿妄而虚”的办学宗旨，这比较集中地反映了他的教育主张。不久，书院被淹，颜元回到故里，8年后去世。颜元的著作收集在《畿辅丛书》和《颜李丛书》中，

涉及教育方面的有《总论诸儒讲学》《上太仓陆桴亭先生书》《性理评》《漳南书院记》等。

颜元毕生都在从事教育活动，他不喜欢科举，热衷于经世致用之学，形成了自己的教育体系。在教育哲学上，他突破宋明理学的束缚，建构起以“实文、实行、实体、实用”为旨趣的实用教育学说，认为程、朱讲的读书穷理不足以为学问，只有亲身体验才能获得知识。在教育思想上，他批判了传统的教育方式，指出它最突出的弊病就是脱离实际，把读书求学误以为是训诂，或是清谈，或是佛老；程朱理学更是兼而有之，脱离实际更为严重，既不能担荷圣道，又不能济世救民。在教育内容上，针对宋明理学脱离实际的状况，颜元提倡以六艺为中心的“三事”“六府”“三物”为教育内容，强调“真学”和“实学”。除了经、史、礼、乐等知识外，他还把自然科技知识、军事知识和技能正式列进教学内容，实行分科设教，把学生分为六斋：东第一斋为文事斋，讲授礼、乐、书、数、天文、地理等科。西第一斋为武备斋，讲授古代兵书战策以及攻守布阵、水陆战法、骑射驾御等内容。东第二斋为经史斋，讲授“十三经”以及史、制、诰、章奏、诗、文等课。西第二斋为艺能斋，讲授水学、火学、工学、象数等课。其余两斋为理学斋和帖括斋，分别置于院门内东、西两侧。其中，理学斋讲程、朱、陆、王之学；帖括斋讲授八股时文。这些内容不仅与理学教育有着本质的区别，而且无论是在广度上还是在深度上，都超越了六艺教育，在当时别开生面，蕴含着近代课程设置的萌芽，把中国古代关于教育内容的理论推进到了一崭新的发展阶段。在教学方法上，颜元重视“习行”教学法，一再强调习行是读书求学最重要的方法，强调在教学过程中要联系实际，要坚持练习和躬行实践，因为只有如此，学到的知识才是真正有用的。他以学习音乐为例说，无论读上几百遍乐谱，思辨几十次，都不会掌握音乐的要领，只有亲自口歌身舞、吹拉弹唱，才能真正理解音乐。这种教学方法，与理学家主张的静坐读书、空谈心性的方法有天壤之别。

颜元教育思想中对传统教育弊端的揭露，对真实教学内容的倡导，以及对实践经验的重视，吸引了众多学子追随他学习。颜元弟子中有记录可查者达 100 多人，知名的有李塨、王源等。其中，李塨（1659 ～ 1733 年，字刚主，号恕谷，今河北蠡县人）结交海内外名士，宣传颜元的思想观点，与颜元形成了一个著名的学派，即“颜李学派”。

第十章 教育思想

中国古代教育家在各具特色的教育实践中，积累了丰富的教育思想，对教学理论、教学原则、教学方法以及教师自身素质的要求等，都提出了许多有价值的见解，甚至形成了自己的理论体系。

中国古代教育思想的源头可以追溯到有文字记载的商周时期。那时，学校教育系统趋于完备，六艺教育的内容也逐步完善，为教育思想的诞生准备了基础条件。但是，由于西周以前的教育体制基本上是政教一体、官私不分，因而教育思想往往与政治、军事、哲学思想糅合在一起，还没有形成独立的理论形态。

春秋战国时期，文化教育出现了新的格局，即官学的没落和私学的勃兴。学术思想上的“百家争鸣”也使教育思想进入空前活跃的状态。儒家、墨家、法家和道家都基于自身的理论学说，提出不同的教育思想。儒家在教育的内容、原则与方法等方面有过很多论述，颇有建树。墨家提出的“合其志功而观”的道德评价方法、“量力而至”与“务本约末”的学习态度、“以名举实”和“察类明故”的教学艺术，以及强调环境影响的习染学说，在中国教育思想史上独具特色，产生了一定的影响。法家强调法制，注重军事、内政等实用型人才的选拔与培养，注重职业技术教育，注重读书学习的参验，与儒家强调教化的传统形成互补，成为维系社会稳定的重要因素。道家则反对儒家等的教育理念，认为教育的作用在于帮助人充分展开自然本性，使人摆脱社会生活的种种困扰与烦恼，回归于他们理想的自然无为的状态。

秦汉时期，董仲舒继承儒家以德治国的传统，强调教育的社会功能和政治功能，他的三大文教政策、教育内容、德育原则与方法对汉代教育体制的完备产生了不可估量的作用。王充则对当时流行的神学目的论进行了尖锐的批判，在认识论方面，他对知识的来源、知识的获得、知识的应用等提出鲜明的唯物主义观点，成为继荀子之后重要的唯物主义思想家和教育家。

魏晋南北朝时期，玄学盛行，官学兴废不定，私学昌盛发达，形成了教育思想的多元化格局。玄学教育思潮崇尚自然，关注个性的自由发展，注重对人

生内在真实价值的发现、把握和追求，标志着个人主体意识的觉醒。儒学教育发生变化，在学风方面，推崇简洁明理，博采众家之长；在教育目标方面，倡导经世致用的实用人才培养。这些教育思想大多被后世继承。

唐朝的教育思想相当活跃。由于中外文化交流频繁，儒、佛、道三教为了扩大社会影响和提高政治地位，展开了激烈的竞争，在教育思想上呈现出学派林立、丰富多彩的局面。韩愈亮出维护儒家道统的旗号，提出了“明先王之教”的教育宗旨，对教师的作用、任务、择师标准和师生关系等方面进行了全面的论述。

两宋时期是中国古代教育思想发展的高峰期，出现了几大派别：(1）教育改革家派，代表人物如范仲淹、王安石等，提倡经世致用的教育，积极主张改革教育制度、教育内容与教育方法，试图变培养人才与选任人才的恶性循环为良性循环。尽管他们的兴学改革运动最终失败，但一些成果仍以不同形式保存下来，对宋朝教育产生了重大影响。(2）理学家教育家派，代表人物如程颐、程颢、朱熹等，在教育的宗旨、教育的内容和教学理论方面，不同程度地充实和发展了理学教育体系。程朱理学深化了因材施教、启发诱导、循序渐进、温故知新、博约结合等教学原则，其中朱熹的读书法对古代的教学理论有重要贡献。这一派的教育思想无论在当时还是对后世都有很大的影响。朱熹逝世后不久，程朱理学逐步定型为中国古代社会后期占支配地位的官方教育思想。(3）事功学派，以陈亮、叶适等为代表，既反对程朱理学，也不赞同陆九渊的心学，他们在批判理学家与心学家空谈性命道德的同时，建立求实用、讲功利、论真才的教育理论。虽然这一派的影响在当时不如程朱理学家，但他们倡导的“学以致用”“开物成务”的教育宗旨，以实理实事为中心的教育内容，以及大胆批判、严谨治学、师友讲论的教育原则和方法，成为明末清初早期启蒙思想家教育思想的理论来源，也成为清代汉学的学术养料，为中国传统教育的发展增添了光彩。

明清时期反理学倾向的教育思想比较突出，张扬个性和倡导实学的教育思

潮有所发展。王守仁继承与发展了陆九渊的心学教育观，提出“致良知”的教学理论和“知行合一”的道德教育论。黄宗羲从民主政治的高度出发对以八股取士为特征的科举制进行了猛烈抨击。为了反对传统教育的专制与特权，黄宗羲还设计了一套普及教育的学制体系。王夫之把教育作为强国的三个纲领之一，揭示教育对人的发展的作用，他所提出的“学思相资”“因材而授”“因机设教”“教必著行”“乐勉结合”“恒教其事”等教育原则与方法多有创新之处。颜元和李塨反对宋明理学所倡导的读死书和死读书，倡导“实学”“实用”教育，开辟了中国古代教育向实践接近的新方向，在教育目标、教育内容、教育方法等方面提出了独到的见解，在很大程度上突破了儒家传统的教育内容与方法，冲破了几千年的教育桎梏，预示着近代科学教育与劳动教育必然产生。

一、因材施教

“因材施教”一词出自《论语·先进》，是孔子教学思想的体现。因材施教是指在教学过程中，教师根据教育对象的具体情况，采用不同的教育方法，以达到教育目的。（见图 10–1）

图 10–1　明·孔子杏坛讲学图（山东曲阜孔府藏）

要做到因材施教，前提条件是了解教育对象各自的特点，尤其是他们的优点和不足，这样才能有针对性地实施教育。孔子是最早践行这种教学方法的教育家。他平时非常注意观察学生，熟悉学生的爱好和个性，在教学中给予不同的指导。

有一次，颜渊问孔子：“什么是仁？”孔子说：“克制自己，使自己的言行都符合礼的规定，这就是仁。”颜渊进一步问：“怎么才能使自己的言行都符合礼的规

定？”孔子说：“不符合礼的东西不要去看，不要去听，不要去说，也不要去做。”颜渊品德好，领悟力强，是孔子的得意门生，多次得到孔子的赞许。他问什么是“仁”的时候，孔子就用最高的标准要求他，告诉他言谈举止都要依礼而行。另一名弟子仲弓也曾向孔子请教什么是“仁”。孔子回答：“外出时要像去见贵宾一样庄重，役使百姓时要像承办盛大的祭祀典礼一样严肃。自己不想要的东西就不要强加于别人。在诸侯国里当官，没有人怨恨你；在卿大夫家里做事，不会有人怨恨你。”仲弓有雄才大略，性格仁慈，孔子就从侍奉君主和管理百姓的角度来分析“仁”，告诫他对待君主和百姓要严肃认真、宽以待人。还有一名弟子司马牛再去请教时，孔子却回答说：“仁德的人说话往往是缓慢而谨慎的。”司马牛本人“言多而躁”，孔子的回答就强调说话要谨慎。司马牛恍然大悟：孔子这是要告诫他言行一致，不能空谈“仁”。

还有一次，子路问孔子：“听到好的事情就要马上实行吗？”孔子回答：“不行，有父兄在世，怎么能听到了就马上实行呢！”冉有去问这个问题时，孔子就很肯定地回答说：“听说了就要实行！”孔子截然相反的回答使得另一个弟子公西华大惑不解，就去问孔子。孔子说：“冉有比较懦弱，所以我就鼓励他，推他走快一点；而子路个性好胜，所以我就有意抑制他，让他缓和一些。”

从这两则事例中，我们发现孔子不仅掌握学生的性格，而且在回答学生同样的问题时能加以不同的诱导和劝勉，真正做到了因材施教。因此，在教学过程中，因材施教可以做到有的放矢地进行有差别的教学，使每个学生都能扬长避短，获得最佳发展。因材施教的思想得到许多教育家（如韩愈、朱熹等）的继承和发扬，成为教学活动中公认的教学方法和基本原则。

二、有教无类

“有教无类”一词出自《论语·卫灵公》，指人无论贫富、贵贱和种族，都

可以而且应当接受教育。这是孔子教育思想的一个原则。

孔子以前，平民没有受教育的机会和权利，当时贵族垄断着教育资源，只有贵族子弟有权受教育，也只有贵族子弟才有当官的资格和可能性。到孔子生活的时代，原先的等级秩序逐渐松动和解体，文化教育出现下移的趋势，平民也拥有了受教育的机会。在这样的背景下，孔子开办私学，通过个人的教育培养士人，以实现政治理想。在教育对象上，他明确提出“有教无类”的思想。

孔子招收学生的门槛很低。他说，只要本人有学习的愿望，主动奉送10条干肉以履行师生见面礼，就可以成为他的弟子。这种开放的态度使得孔门弟子具有来源多样化的特征。第一，出身多样化。孔子认为无论是贵族还是平民，都可以接受教育。孔子的弟子有的出身贵族，如南宫适是鲁国权臣孟僖子的儿子，司马牛是宋国大夫桓魋的弟弟。有的曾是商人，如子宫从事投机倒把的生意。更多的是平民，如颜回住在简陋的小巷子里，每日粗茶淡饭；子路以吃野菜为生；曾参家里穷得三天不举火，十年不制衣；原宪住的地方简陋残缺，屋顶漏水，地面潮湿；仲弓的父亲从事低贱的行业，家里连个落脚的地方都没有。弟子的成分如此复杂，说明孔子的确打破了受教育者的等级界限。第二，品行高低不一。孔门弟子的品行参差不齐，有的性格粗鄙，有的行为不端正，有的甚至曾是盗贼。无论弟子品行是高还是低，孔子都教育他们。而他们经过教育培养，大都能去恶向善，成为不同的人才。第三，地域广泛。孔门弟子的地域籍贯，包括鲁、卫、齐、宋、陈、蔡、郑、薛、吴、楚、晋、秦各国。其中的一些地方，如秦、楚、吴，都是当时的“蛮夷”之地，那里的居民在中原人看来还没有开化。然而孔门弟子无论是来自当时的文化先进区域还是蛮夷之地，孔子都敞开胸怀接受并教育他们。

当时有人对此不理解，产生种种疑问。南郭惠子问子贡说：“孔夫子的门下，怎么那样混杂？”子贡回答说：“君子端正自己的品行以待四方求教之士，愿意来的不拒绝，愿意走的不制止，正如良医之门病人多、良工之旁弯木多一样，

所以夫子门下人品较混杂。”门下人品混杂，但能兼收并蓄，教之成才，这说明教育家孔子胸怀宽大能容、教育艺术高明善化。

有教无类的开放性方针顺应历史发展潮流，满足了平民入学受教育的愿望，适应了社会发展需要，打破了贵族对学校教育的垄断，把受教育的范围扩大到一般平民，有利于教育的普及。

三、启发诱导

“启发诱导”一词出自《论语·述而》：“不愤不启，不悱不发。”意思是说教导学生，不到他想弄明白而又弄不明白的时候，不去启发他；不到他想说而又说不出来的时候，不去开导他。作为一种教学思想，它是指教师在教学中要充分发挥学生的主动作用，调动他们的主观能动性，引导他们积极思考，大胆探索，自觉地寻求知识，训练思维能力，提高分析与解决问题的能力。

孔子是世界上最早提出这种教学方法的教育家。他认为，不论学习知识还是培养道德，都要建立在学生自觉需要的基础上，应充分发挥学生的主动性、积极性。因为只有自己能对问题加以思考，获得切实的领会，才是可靠和有效的。为了帮助学生形成思考的习惯，培养他们善于独立思考的能力，在教学时必须先让学生认真思考，思考到一定程度时再去启发他；等思考并已有所领悟，但还不能用适当的言辞表达时再去开导他，就能取得事半功倍的效果。教师的启发是在学生思考的基础上进行的，启发之后，应让学生再思考，以获得进一步的领会。（见图 10–2）

启发诱导教学包含三个基本要点：其一，强调教师和学生双方共同思索，探求未知。孔子善于利用学生已有知识引导他们去探求新的知识。他在教学中经常引用学生所熟悉的历史人物，将尧、舜、禹、汤、文、武、周公、管仲等人的言行作为教材教育学生。他还善于运用比喻，运用具体事物以及形象化的

语言来阐明抽象的概念。在教学中，他善于从已知到未知，从具体到抽象来启发学生，以激发学生探究事物的积极性和钻研的兴趣。其二，着力训练学生的思维能力。孔子主张举一反三，称赞闻一知十，提倡和培养推理、演绎能力。而其“一以贯之”和“博学于文，约之以礼”的思想，则是强调归纳能力的养成。他认为自己的治学特点是“一以贯之”，而不“多学而识之”，可见其对思维能力训练的重视。事实上，启发诱导式教学无疑是把思维能力培养放在首位的，注重思维能力的培养不仅不会影响知识的传授，反而能引导学生去主动获得更多的知识，因为主动获得的知识肯定要比被动获得的知识理解得更深、掌握得更牢。其三，用激思的方式培养探究素质。启发诱导教学方法反对教师不顾学生实际的“满堂灌”“一言堂”，因为这会扼杀学生的积极性和主动性。孔子从来不这样教育学生。他曾说，凡事不愿动脑子经常问问“为什么”“怎么办”的人，是不可救药的。正因为孔子不是把咀嚼过的知识和盘托出，而是激发学生主动思考，并要求学生做多角度多方面的思考，因此大大激发了学生的求知欲，由“欲罢不能”而养成了一种不断探索的素质。

图 10–2　孔子阐述六经图（明 · 仇英《孔子圣迹图》）

孔子的启发诱导教学方法，注重教育对象，把引发学生的自觉放在教学活动的重要位置上，有利于提高学生学习的主动性。直到今天，它仍然是行之有效的教育方法。

四、学而不厌

“学而不厌”一词出自《论语·述而》:“默而识之，学而不厌，诲人不倦，何有于我哉？”反映了孔子的教育思想，是说学习不能满足，所以常被用来形容勤奋好学。

孔子以好学著称，对于各种知识都表现出浓厚的兴趣，所以他多才多艺，知识渊博，在当时几乎被当成无所不知的圣人。但是，孔子自己不这样认为，他学无常师，谁有知识，谁那里有他所不知道的东西，他就拜谁为师。孔子一生曾多次问礼于老子。30 多岁时，离开家乡曲阜，拜大思想家老子为师。曲阜和洛阳相距上千里，孔子风餐露宿，日夜兼程，几个月后，终于到了洛阳。在洛阳城外，孔子看见一辆马车，车旁站着一位 70 多岁的老人，穿着长袍，头发、胡子全白了，看上去很有学问。孔子想：这位老人大概就是我要拜访的老师吧！于是上前行礼，问道:“老人家，您就是老聃先生吧？”“你是——”老人见这位风尘仆仆的年轻人一眼就认出了自己，有些纳闷。孔子连忙说:“学生孔丘，特地来拜见老师，请收下我这个学生。”老子说：“你就是仲尼啊！听说你要来，我就在这儿迎候。研究学问你不比我差，为什么还要拜我为师呢？”孔子听了再次行礼，说：“多谢老师等候。学习是没有止境的。您的学问渊博，跟您学习，一定会大有长进的。”从此，孔子每天不离老师左右，随时请教。老子也把自己的学问毫无保留地传授给他。人们佩服孔子和老子的学问，也敬重他们的品行。[①]（见图 10-3）

学而不厌是孔子虚怀若谷品质的表现。他总是把自己看作“无知之师”，认为只有坚持不懈地学习，才能弥补知识的缺陷。他曾向郯子请教官职名称，向

---

① 参见《史记·老子韩非列传》。

苌弘请教音乐，向师襄请教弹琴，向老聃问礼。而在当时，苌弘、师襄这些人的名声远在孔子之下，可他却虚心向他们请教，取长补短。他还反复说："我不是生来就懂知识的人，只是一个爱好古代文化、勤奋求知的人。""我有知识吗？其实没有知识。""多多地听，选择其中好的加以接受；多多地看，全记在心里。这样的知，是仅次于'生而知之'的。"

图 10–3　孔子问礼老聃（明·仇英《孔子圣迹图》）

孔子一生中从未停止过学习。直到晚年，他仍孜孜以学，甚至发出"再给我几年时间，到 50 岁学习《易》，便不至有大的过错"的感叹。孔子在"多问""多闻""多见""多识"中求得广博的知识，终于成为博学多能而为弟子所信服和尊敬的大师。

五、言传身教

"言传身教"的思想出自《庄子·天道》："语之所贵者意也，意有所随。意之所随者，不可以言传也。"从教学的视角来看，就是既用言语来教导，又用行动来示范。（见图 10–4）

中国人讲究言传身教。言传身教的意义是指家长不能只通过语言来达到教育的目的，还要通过自身的行为为孩子树立榜样，从而帮助孩子树立正确的人生观和价值观。古人追求真理，注重品德和操守，不仅要求自己躬身力行，也非常重视培养后代的德行。这种言传身教的精神，成为后人正身教子的楷模。北

图 10–4　庄子像（清·曾国藩《圣哲画像记》）

宋史学家司马光正直坦荡，光明磊落，在朝做官时，廉洁奉公，两袖清风，深受人们的好评。他经常教育儿子司马康"以俭为美德"，以家书的体裁写了一篇题为《训俭示康》的文章，围绕"成由俭，败由奢"这个古训，结合自己的生活经历和切身体验，引用古今许多典型事例对司马康进行教诲。一次，司马光看到儿子随意用手翻书看，就教导他说："君子喜读圣贤书，首先要爱护书籍。读书前，先要把手洗干净，把书桌擦干净，垫上桌布；读书时，要坐得端端正正，态度要恭敬，静心学习不走神儿。为人要质朴，做事要踏实，具备这些道德品质，才能修身、齐家，乃至治国、平天下。"在他的教育下，司马康潜心读书，修身养性，并以俭朴自律，后来历任校书郎、著作郎等官职，在为人、治学方面酷似其父。当时，京洛一带流传着这样一句佳话："可为人师表者，司马父子也。"

作为教师，也应当在言行方面成为学生的表率。孔子为师，强调以身作则，特别是在培养德行方面，他认为言教不如身教，"其身正，不令而行；其身不正，虽令不从"[①]。言教要善诱，身教要善导，所谓"诱之以言，导之以行"，为学生树立榜样。我们常说为人师表，而师表即品德、学识上值得学习的榜样。这有着十分重要的教育功能，往往被学生当成"社会的代表"和"伦理的化身"。北宋教育家胡瑗在苏、湖执教的 20 年间，亲手制定了一系列教育规章制度。如学校作息规定：一般上午讲解经书，课后复读 500 遍；下午讲解史书，复读 100 遍；晚上讲解子书，复读 300 遍。他对学生严格要求，自己则常常"以身先之"。盛

① 《论语·子路》。

夏之季，他整天着公服端坐于堂上，“严师弟子之礼。视诸生如其子弟，诸生亦信爱如其父兄”。由于规章明、要求严，胡瑗的弟子“衣服容止，往往相类，人遇之虽不识，皆知其瑗弟子也”。胡氏这种独特的学风与校风，先施行于苏、湖，后施行于太学，并在全国推广。

六、专心致志

“专心致志”一词出自《孟子·告子上》：“今夫奕之为数，小数也，不专心致志，则不得也。”做一件事情的时候要把心思全放在上面，不能三心二意，否则，事情是做不好的。

孔子向师襄子学琴，过了 10 天还没有学习新曲子。师襄子对他说：“可以增加学习的内容了。”孔子说：“我已经熟悉乐曲的形式，但是还没有掌握方法。”过了一段时间，师襄子又说：“你已经会弹奏的技巧，可以增加学习的内容了。”孔子说：“我还没有领会曲子的意境。”过了一段时间，师襄子又说：“你已经领会曲子的意境，可以增加学习的内容了。”孔子说：“我还不了解作者是个怎样的人。”又过了一段时间，孔子神情俨然，仿佛达到了新的境界：他有时庄重穆然，若有所思；有时怡然高望，志意深远。最后，他说：“我知道曲子的作者是谁了：那人皮肤黝黑，体形修长，眼光明亮，就像统治四方的一个王者。除了周文王，还有谁能谱出这样的乐曲呢？”师襄子听到后，赶紧起身拜了两拜，说：“老琴师传授此曲的时候就是这样说的，这首曲子就是《文王操》！”

在孔子学习乐曲的过程中，所思所想都是关于曲子的，体现出专心致志的学习态度。学习的确需要用心专一，只有深入其中，才能有更深的体会，才能从中体会到学习的乐趣。如果停留在表面，不够深入，就很难领悟其中所蕴含的道理，自然也学不好。

孟子讲过一则寓言：下棋看起来是件小事，但假如你不专心致志，同样学不好、下不赢。奕秋是全国最善下棋的能手，他教了两个徒弟，其中一个专心致志，各方面都听奕秋的指导；另一个却老是盼着有天鹅飞来，准备用箭射下来。两个徒弟是同一个师傅教的，在一起学棋，然而后者的成绩却差得很远。并不是说他们的智力有什么区别，而是专心的程度不一样啊！真正有志于学习，必须用心，而且要深入下去，不能轻易带过或是半途而废。

这是一个很有教育意义的故事，我们要学好一样东西、做好一件事情，非专心致志、下苦功夫不可。假如我们刚开了个头就把它丢在一边去做别的事情了，隔了一段时间想起来才又接着去做，这样肯定会做不好。为此，后人将孟子所说的“一日曝之，十日寒之”精简为成语“一曝十寒”，用来比喻学习和做事没有恒心。

七、教学相长

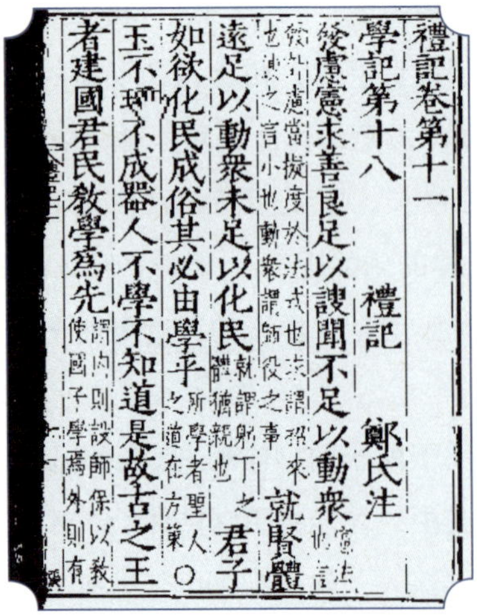

图 10–5　《礼记 · 学记》书影

“教学相长”一词出自《礼记·学记》(见图 10–5)。其曰：“学然后知不足，教然后知困。知不足然后能自反也，知困然后能自强也。故曰教学相长也。”是说在教学过程中，教和学互相影响，教师一方面要传授给学生知识，另一方面在教学的过程中也有可能碰到困难，通过主动学习不断提升自己。

教学相长揭示了教与学之间存在对立统一的关系。一个人只有学习了，才能知道自己的不足之处；知道自己的不足，然后才能自我反省；教授别人时发现自己知

识的浅陋，才会不断钻研、提高。因此，教学相长得到历代教育家的重视和论证。

孔子认为，在教学过程中，教师不是单方面传授知识给学生，而是可以教学相长的。颜回的仁慈之心、端木赐的辩说能力、仲由的勇敢无畏、颛孙师的庄重严肃都比自己强，值得学习。正是由于他认识到学生对教师有促进作用，所以他经常鼓励学生“当仁不让于师”，也就是要敢于向老师提出问题，敢于发表不同的看法，也敢于保留自己认为正确的东西。为了打消学生的顾虑，他常常提醒学生：不要因为我年纪比你们大就有所拘束和顾忌。他就是这样鼓励学生向他发问，借以提高自己的认识的。

唐朝教育家韩愈认为教师的主要任务是传道与授业，所以师与生的关系就应该通过道与业来衡量，谁先有道，谁就是教师；谁有专业学问，谁就是教师。教师不应该受年龄、地位、资格等的限制，这就从理论上论证了教学相长。一个循循善诱的教师，只有通过教学实践才能体会到教学的效果和艰难，教学经验越丰富越能摸到教学的规律，并发现自己的弱点与困惑之处，“教然后知困”。“知困”可促使教师“自强”。一个积极好学的学生，只有践行学习才能体会到学习的好处和困难，越学习越感到自己学识浅薄与不足，“学然后知不足”。“不足”可以促使学生“自反”，即进一步严格要求自己，努力学习以补充自己的不足。

宋朝教育家张载将教学看作教师的“自益”过程，为教学相长的思想提供了新的认识角度。他认为，教学生不只对儿童有益，也对教师有益，因为教人的过程也是教师自我提高的过程。在他看来，教学对教师精力的集中、自身的学习、道德的修养和事业心的增强等都有帮助。因此，张载认为，教学是教师自身的提高过程，益人与自益相统一，自益是益人的基础。

教学相长是人文气息浓郁的先进教学思想。首先，教学相长是“目中有人”的教学思想，作为教师能够认识到学生是具有自主性的人。教学不仅仅是教书，

更重要的是育人。在教育教学过程中，学生永远都是学习的主体。其次，教学相长是“双向交流”的教学思想。教学不仅仅是教师对学生的单向灌输，更是一种精神性的双向互动与交流。再次，教学相长是“师生共同成长”的教学思想。教学不仅仅是教师对学生的“蜡烛式”的奉献，而是教师在帮助学生成长的同时，也会得到来自学生的启发，从而完成自己的成长、成熟与完善。教师不再仅仅是授业者，在与学生的对话中，教师本身也得到教益，学生在被教育的同时反过来也在教育教师，他们在教与学中共同成长。只有在教学相长的教育平台上，才有可能培养出“青出于蓝而胜于蓝”的学生。

八、知行合一

“知行合一”是明朝的思想家、军事家和教育家王守仁（号阳明）提出的道德教育方法，意思是说，教育的过程不仅是知识学习的过程，而且在重视认知发展的同时，更要在实践中加以实现，二者是一个统一的过程，不可偏废。

王阳明一生既经历过当众廷杖的奇耻和下狱待死的恐惧，也经历过流放南蛮的绝望和无人问津的落寞，他在磨难中不断反思、了解生命的真相，最终砥砺出“知行合一”的生命境界。他认为心灵态度决定行为方式，反对程朱理学将知行分作两件去做，先知然后能行的知先行后说以及由此而造成的重知轻行的学风。凭借“知行合一”的强大力量，王阳明率文吏弱卒荡平了江西巨寇；凭借“知行合一”的强大力量，王阳明 35 天内平定了宁王之乱；凭借“知行合一”的强大力量，王阳明从根本上扫清了困扰明政府多年的广西部族叛乱。[①]

“知行合一”要求知中有行和行中有知，认识与实践相统一。北宋著名的政

① 参见杜可：《知行合一王阳明》，2014 年 11 月 8 日《郑州日报》。

治家、文学家范仲淹在《岳阳楼记》中写下了“先天下之忧而忧，后天下之乐而乐”的千古名句。综观范仲淹一生，他也确确实实是按照他自己所言踏踏实实去做去践行的。范仲淹为官数十载，在朝廷犯颜直谏，主持庆历新政；在地方兴修水利，培养人才，保土安民；生活上治家严谨，衣食只求温饱；待人上周人之急，乐善好施。

“知行合一”反对知行脱节和知而不行，知必然要表现为“行”，不“行”不能算真知。清朝的和珅出生在一个并不富裕的武官家庭，从小受到较好的教育，10多岁时被选入咸安宫官学，接受儒学经典和满、汉、蒙古文字教育。然而，和坤做了高官后却贪得无厌，卖官受贿，结党营私。要说和珅不明事理，难以令人信服。像和珅这样读的是圣贤之书，做的却是城狐社鼠之事，就不是真正的“知行合一”。真正的“知行合一”在于确实按照所知去行动。当知道孝顺这个道理的时候，就已经对父母非常孝顺和关心了；当知道仁爱的时候，就已经以仁爱之心对待周围的朋友了。

著名教育家陶行知先生原名陶文浚，他曾另取“陶知行”为名，最终定为“行知”。他的名字的每一次变化，都标志着他的教育哲学思想一次又一次质的飞跃：从王阳明的主观唯心主义发展到杜威的实用主义哲学，从杜威的实用主义哲学发展到马克思的辩证唯物主义。他易名的过程，实际上是他不断追求真理、实践真理的过程。他信奉的哲学思想在不断变化，他的名字如影随形，但是永不变更的就是他的“真人”品格。不论先生取名“知行”，还是“行知”，他的名字都是他那一段时期所信奉的哲学思想的体现，是他追求表里一致、言行一致、名副其实的“真人”品格的体现。①

① 参见范金豹：《陶行知先生的多次易名》，2004年10月14日《中国教育报》。

九、学思相资

“学思相资”是明清之际的思想家和教育家王夫之提出的教育方法，意思是学习与思考可以相互促进。

春秋时期，孔子提出“学而不思则罔，思而不学则殆”的观点，认为学习是认识新知的过程，思考是消化吸收的环节，二者缺一不可。王夫之继承发展了孔子的这一思想，更深刻地揭示了学与思的辩证关系。

学与思存在区别，二者有着不同的功能，在不同的情况下，有主次之分。耳目通过其闻见功能去接触外在客观事物，以充分占有原始材料。要真正获得实际的知识，必须建立在多闻多见的格物学习的基础上。学习的最终目的是“致知穷理”，获得关于客观事物本质和规律的认识。在学习过程中，学与思具有不同的职能，承担着不同的任务。但从根本上说，要达到学习的目的，不能仅仅停留于认识的感性阶段，而必须上升到理性阶段。这就必须以心为主，充分发挥其思辨功能。因此，王夫之还论述了思维的深度与广度及其关系问题。思维的广度和深度必须相结合，只强调一面而忽略另一面，都不能达到“致知”的目的。思维活动，既不能钻牛角尖，也不停留在现象的表面，既要广博，又要精深。这样才能够训练自己的思考能力，增进自己的才干，达到“格物致知”的目的。

学与思又可以相互促进。学习必须虚心，要尽量吸收前人的宝贵经验，以丰富自己的学识；思则不应墨守古人的陈规，而要敢于独立思考，充分发挥自己的聪明才智。在学与思的关系上，王夫之认为两者不可偏废．而应当做到紧密结合。学与思并不矛盾，而是相辅相成，相互促进。学识愈广博，思考就愈深远。思考产生困惑，必定会促进人们更勤奋地学习。学有助于促进思考，思又有助于学，

二者相互配合，相互促进，才能取得良好的教学功效。学与思如果分开进行，就会两败俱伤，不是学之“罔”，便是思之“殆”，必然空无所得，徒劳无益。王夫之所说的“学愈博则思愈远”“思之困则学必勤”，是对学思关系的精辟概括，可谓是至理名言。

学思相资透彻地阐明了学与思的辩证统一关系，更加精要地揭示了学与思规律的深刻内涵，要求我们在教学过程中，必须把学与思结合，耳目之官与心思之官结合，感性认识与理性认识结合，注意发展学生的独立思考能力，使教学的质量不断提高，这成为后世学者从各方面论述这一学习规律的总纲。

十、经世致用

经世致用是中国古代的一种教育思想，是指学问必须有益于国事，其特点是以史为鉴，将学术研究与现实相结合，以解释古代典籍为手段，从中表达自己的社会政治见解，并用于社会改革。

自宋元以来，程朱理学成为官方的统治思想。至明中叶，王阳明的心学盛行，良知之说风靡海内。降至明末，王阳明的心性良知之学又日趋颓废没落。流风所及，一些士子孜孜以求功名利禄，为求捷径，不读经书本文，只是捧着“语录”讨生活，学用分离的现象越来越严重，以至于培养出一批又一批学用脱节、不通业务的书生。明末清初的文人笔记记录了好些迂腐的书生的事迹。李自成的军队打进城了，有一书生不知道躲避，反而迎上去跟人家谈大义，人家拿刀放在他的脖子上，他大怒：“我以大义教你，你居然要杀我，真是个贼呀！”结果身首异处。张献忠攻陷洪县城，城中人尽逃亡，有一老儒，登上城墙，对着黑压压的攻城士兵厉声大骂：“清平世界，朗朗乾坤，尔等率众攻城，不畏王

图 10–6 顾炎武像（清·曾国藩《圣哲画像记》）

法吗？”言未竟，城下箭齐射上来，把他射成了“刺猬”。

明末清初“天崩地解”的社会变动及“神州荡覆，宗社丘墟”的残酷现实，迫使一些学者和思想家进行深刻的反省和总结。明末空谈心性的学风被视为祸国误民的重要原因。在对之进行抨击的同时，他们积极倡导经世致用的实学。如朱之瑜提倡学术要“经邦弘化，康际时艰”；李颙主张“匡时要务”，“学贵实效”；颜元更大声疾呼“救弊之道，在实学，不在空言”；顾炎武（见图 10–6）主张，学以致用，注重实地调查；黄宗羲提倡“学贵适用”，强调只有实用的知识才是真正的知识；王夫之认为一切学问的最终目的是为了致用。这些思想主张，汇集成为明清之际的经世致用思潮。

清朝嘉庆、道光年间，面对末世深刻的社会危机，一批政治家、思想家和进步学者再一次提倡经世致用，主张实行改革。较著名的有陶澍、林则徐、龚自珍、魏源等，他们中有“卓著官声政声的督抚大吏”，也有“切于时务的下层官僚与文人学者”。他们作为知识分子的代表关注世事，以极大的社会责任感揭露矛盾，抨击时政，指责清王朝统治的腐败以及官僚队伍的无能、迂腐。在揭露问题的同时，他们要求“更法”，呼吁“改革”，提出了一系列改革措施。以林则徐为代表的一些较有远见的知识分子，已经开始把目光投向了世界，出现了“开眼看世界”的新趋势。林则徐出于反侵略斗争的需要，翻译西书，成为近代中国“开眼看世界的第一人”。

经世致用思想体现了中国传统知识分子讲求功利、求实、务实的思想特点以及“以天下为己任”的情怀。经世致用之学，即“实学”，就是“实习、实讲、实行、实用之学”，说实话，干实事，务实际，求实效。这就是经世致用、匡世济民之道。

主要参考书目

1. 冯晓林 :《中国隋唐五代教育史》，人民出版社 1994 年版。

2. 乔卫平 :《中国宋辽金夏教育史》，人民出版社 1994 年版。

3. 白新良 :《中国古代书院发展史》，天津大学出版社 1995 年版。

4. 李思敬 :《五经四书说略》，商务印书馆 1996 年版。

5. 毕诚 :《中国古代家庭教育》，商务印书馆 1997 年版。

6. 郭齐家 :《中国古代考试制度》，商务印书馆 1997 年版。

7. 王炳照主编 :《中国古代私学与近代私立学校研究》，山东教育出版社 1997 年版。

8. 阎韬 :《孔子与儒家》，商务印书馆 1997 年版。

9. 朱筱新 :《中国古代的礼仪制度》，商务印书馆 1997 年版。

10. 郭齐家 :《中国古代学校》，商务印书馆 1998 年版。

11. 朱永新主编 :《中外教育思想史》，南京大学出版社 2000 年版。

12. 常德增、刘雪君 :《科举与书院》，山东教育出版社 2009 年版。

13. 刘景云、杨林、孙建军编著:《图说科举制度》，吉林人民出版社 2009 年版。

14. 孙培青主编 :《中国教育史》（第 3 版），华东师范大学出版社 2009 年版。

15. 张传燧 :《解读中国古代教育思想》，广东教育出版社 2009 年版。

16. 张光奇编著 :《中国古代教育》，黄山书社 2013 年版。

17. 徐潜 :《中国古代教育》，吉林文史出版社 2014 年版。

18. 杨贵学：《嵩阳书院景观研究》，湖北工业大学硕士学位论文，2009 年。
19. 洪棋文：《义门郑氏德育思想研究》，杭州师范大学硕士学位论文，2009 年。
20. 范艳敏：《应天府书院研究》，河南大学硕士学位论文，2013 年。

图书在版编目（CIP）数据

传道授业：中国传统教育 / 李沈阳著 .
—济南：山东大学出版社，2017.10
（中国文化四季 / 马新主编）
ISBN 978-7-5607-5724-7

Ⅰ . ①传… Ⅱ . ①李… Ⅲ . ①传统教育—介绍—中国 Ⅳ . ① G41

中国版本图书馆CIP数据核字(2017)第188574号

责任编辑：李孝德
装帧设计：牛 钧

出版发行：山东大学出版社
社址：山东省济南市山大南路 20 号
邮编：250100
电话：市场部（0531）88364466
经销：山东省新华书店
印刷：山东华鑫天成印刷有限公司
规格：787 毫米 ×1092 毫米 1/16
14.75 印张 201 千字
版次：2017 年 10 月第 1 版
印次：2017 年 10 月第 1 次印刷
定价：37.00 元